www.hrd-elearning.com

나눔Book

나눔복지교육원 www.hrd-elearning.com 🔍

상담 수퍼비전 (제2판)
이론정리&문제풀이

편저자 조은문

- 한국상담학회 전문상담사 1급 **[상담 수퍼비전 이론과 실제]** 시험과목 대비
- 청소년상담사 1급 **[상담사 교육 및 사례지도]** 기출문제와 해설 수록
- 국내 출판 **[상담 수퍼비전 이론]** 핵심요약 정리
- 핵심이론과 관련된 기출문제의 오답노트 분석 제시
- 나눔복지교육원 홈페이지 동영상 저자 직강(유료 제공)

동영상강의
(나눔복지교육원)

『머리말』

 전문상담사 1급과 청소년상담사 1급 시험 합격을 위해 정진하는 수험생 여러분께 좋은 일들이 많이 있길 기원합니다.

 청소년상담사 1급 국가자격은 상담관련 분야의 상담 실무경력 및 기타 자격을 갖춘 자로서, 자격 검정시험과 면접시험에서 합격한 뒤, 100시간의 연수를 받은 자에게 여성가족부장관이 부여하는 국가자격입니다. 또한 전문상담사 1급은 한국상담학회에서 540~720시간의 수련과 필기시험 및 면접시험에 합격해야 취득할 수 있는 '상담 전문가' 자격입니다.

 이 두 가지 자격증을 취득하기 위한 필기시험 과목 중의 하나가 [상담 수퍼비전 이론과 실제] 과목입니다. 본 교재는 청소년상담사와 전문상담사 1급 필기시험을 대비하기 위해 시중에 출판된 한국상담학회의 상담학 총서인 [상담수퍼비전의 이론과 실제]과 [상담 수퍼비전]에 관한 도서에 있는 이론을 요약 정리한 것입니다. 또한 이론에 대한 이해를 돕기 위해 각 이론에 해당하는 청소년상담사 1급 기출문제를 선별하였습니다.

[상담 수퍼비전 이론 정리 및 문제풀이집]의 특징은 다음과 같습니다.

첫째, 한국상담학회의 전문상담사 1급 필기시험 과목인 [상담 수퍼비전]의 이론과 실제 학습에 필요한 이론을 정리하였습니다.

둘째, 청소년상담사 1급 필기시험 과목인 [상담사 교육 및 사례지도]의 기출문제와 해설을 수록하였습니다.

셋째, [상담 수퍼비전] 핵심이론과 관련된 청소년상담사 1급 기출문제와 해설을 수록하였습니다.

넷째, 시중에 출판된 [상담 수퍼비전] 관련 도서의 핵심이론을 요약 정리하였습니다.

다섯째, 관련된 저자 직강의 동영상 강의를 [나눔복지교육원 홈페이지]를 통해 보실 수 있습니다. - 유료 제공

[상담 수퍼비전의 이론정리와 문제풀이집]이 출간될 수 있도록 도움을 주신 나눔복지교육원 김형준 대표님께 감사드립니다.

수험생 여러분의 청소년상담사 또는 전문상담사 합격의 꿈이 이루어지길 소망합니다.

편저자 **조은문** 드림

상담 수퍼비전의 이론과 실제

CONTENTS

1. 수퍼비전 개관 ·· 7
   1. 수퍼비전의 정의 ·· 7
   2. 수퍼비전의 목적과 목표 ·· 8

2. 수퍼바이저와 수퍼바이지의 관계와 역할 ······························· 14
   1. 수퍼바이저 ·· 14
   2. 수퍼바이지 ·· 15
   3. 수퍼비전 관계 ··· 16
   4. 수퍼비전 방법과 기술 ·· 20
   5. 다문화 수퍼비전 ··· 22

3. 심리치료 이론 중심 수퍼비전 모델 ·· 34
   1. 정신분석 수퍼비전 모델 ··· 34
   2. 인지행동 수퍼비전 모델 ··· 46
   3. 행동주의 수퍼비전 모델 ··· 51
   4. 인간중심 수퍼비전 모델 ··· 55
   5. 해결중심 수퍼비전 모델 ··· 60
   6. 교류분석 수퍼비전 모델 ··· 62
   7. 여성주의 수퍼비전 모델 ··· 65

4. 수퍼바이지 발달모델 ·· 66
   1. 호건(Hogan) 모형(1~4수준의 상담자) ······························ 68
   2. 로건빌, 하디와 델워스(Longanbill, Hardy & Delworth) 모형 ·········· 68
   3. 스톨텐베르그, 맥닐과 델워스(Stoltenberg, Mcneill & Delworth)의
      통합적 발달모델(IDM) ··· 69
   4. 스코브홀트와 로네스타드(Skovholt & Ronnestad)의 전생애 발달모델 ·········· 80

5. 통합적 수퍼비전 모델 / 대인관계 모델 ························· 86
1. 버나드(Bernard)의 3×3 변별모델(Discrimination Model) ············ 86
2. 홀로웨이(Holloway)의 체계적 수퍼비전 모델(SAS Model) ············ 94
3. 라다니와 넬슨(Ladany, Friedlander & Nelson) 모델 ················· 100

6. 개인 수퍼비전과 집단 수퍼비전 ································· 101
1. 개인 수퍼비전 ·· 101
2. 집단 수퍼비전 ·· 116

7. 수퍼비전 윤리 ··· 123
1. 수퍼비전 윤리 ·· 123
2. 키치너의 상담자 윤리원칙과 윤리적 의사결정모델 ················ 125
3. 수퍼바이저의 윤리 ··· 129
4. 수퍼비전 활동에 있어서 법적 원칙 ···································· 131

8. 수퍼비전 평가 ·· 141
1. 수퍼바이지 역량 ·· 141
2. 수퍼비전 평가와 수퍼비전 계약 ·· 143
3. 수퍼비전을 위한 수퍼바이저 역량 및 기술 ························· 145

1 수퍼비전 개관

1. 수퍼비전의 정의

📖 수퍼비전 정의
- [라틴어] <u>위에서 지켜보다/관찰한다/살핀다</u>
- 다른 사람이 하는 일에 대한 책임을 갖고 지켜보는 **감독자(overseer)의 일**
- 다른 사람이 수행하고 있는 **특정한 활동 및 과업을 감독**하면서 그것들이 제대로 수행되고 있는지를 확인하는 것
- 업무수행을 **감찰하고 피드백**을 주는 활동
- 업무를 수행하는 사람과 관찰하는 사람이 **함께 하는 일련의 활동**
- 전문적인 상담자가 되고자 하는 수퍼바이지가 적절한 직업적 행동을 습득할 수 있도록 수퍼바이저가 **조력**하는 지속적인 **교육과정**
- 수퍼바이저와 수퍼바이지, 그리고 그들이 서비스를 제공하는 내담자 간의 독특한 **전문적 관계**

📖 이론가들의 수퍼비전에 대한 정의

홀로웨이	• **경험 많은 임상가, 감수성이 뛰어난 교사, 뛰어난 전문가의 눈으로 다른 사람의 작업을 감독하는 것** • 수퍼바이저에 의해 통합되고 모델링된 형태로 **심리치료적 과정의 핵심**을 알아차릴 수 있는 기회를 제공하여 실제 상담관계에서 재생산되도록 하기 위한 것
길버트 & 에번스	• 수퍼바이저가 좀 더 숙련되고 경험이 풍부한 <u>상담자로서의 지혜와 전문성을 수퍼바이지에게 전수</u>하여 수퍼바이지의 상담치료를 증진시키는 것
버나드 & 굿이어	• <u>전문가 집단의 선배가 같은 후배 구성원에게 제공하는 개입</u>으로서 평가적이고 장기간에 걸쳐 반복적인 관계 속에서 경험이 적은 구성원의 직업적 **직무수행능력을 향상시키려는 목적**으로 내담자에게 제공하는 서비스 수준을 **감독하는 활동**에 집중된 **일대일의 관계** • 전문직의 경력자가 보다 경력이 적은 사람에게 제공하는 개입으로 이 관계는 평가적이면서도 위계적이고, 시간이 경과해도 지속됨

	• 경력이 적은 사람의 직업적 기능을 향상시키고 내담자들에게 제공되는 **상담의 질을 감독**하여 상담직에 입문할 수 있는 사람과 그렇지 않은 사람을 구별하는 것을 목표로 함
최해림	• 경험이 많고 숙련된 상담자가 미숙한 또는 초보 상담자가 **상담을 잘 하도록 도와주는 과정**
김계현	• 상담 실제의 교육내용을 합하여 실제적 지식 습득을 도와주는 **수업과 실습과정**
방기연	• 상담 수행을 **감독 혹은 지도**하는 과정

🟦 수퍼비전과 자문의 차이

- 자문은 어떤 일을 좀 더 효율적으로 처리하기 위해 그 방면의 전문가에게 의견을 물어보는 것이다.
- 자문은 수퍼비전에 비해 한시적이며, 비평가적이다.
- 수퍼비전은 전문적인 상담자가 되고자 하는 수퍼바이지가 적절한 직업적 행동을 습득할 수 있도록 수퍼바이저가 조력하는 지속적인 교육과정이다.
- 수퍼비전은 내담자의 복지를 위해 수퍼바이지에게 필요한 교육과정으로 교육, 상담, 자문을 모두 포함한다.
- 수퍼바이저는 수련생을 교육하고 평가한다는 점에서 수퍼바이지와 위계적 관계를 가진다.
- 수퍼바이저는 필요한 경우 수퍼바이지의 문제 행동, 사고, 감정을 다루어 상담에 방해되는 요인을 없애야 한다.

2. 수퍼비전의 목적과 목표

🟦 수퍼비전의 종류

① 임상 수퍼비전
- 전문성 발달을 위해 요구되는 특정한 **지식과 기술**이 무엇인지 알고 있으며, 그 지식과 기술에 숙련된 훈련을 하고, 경험 있는 전문가가 상담과정을 지속적으로 관찰하고 평가하는 과정이다.
- 수퍼바이저가 수퍼바이지와 관련된 문제들과 내담자와 관련된 문제들을 다루어 준다.

② 행정 수퍼비전
- 수퍼바이지가 조직의 근무자로서 지니는 역할 및 책임과 관련된 이슈들, 인사문제, 시간관리, 기록관리, 등에 초점을 맞춘다.
- 기관이 순조롭고 효과적으로 운영되도록 조력하는 의도를 가지고 수퍼바이지가 효율적으로 기능하도록 돕는 일이다.

수퍼비전 역사
- 수퍼비전은 1800년대 후반부의 사회복지 영역에서 시작됨. 자선기관 단체들에서 훈련 중인 사회복지사들을 감독하는 직원들을 고용하여 수퍼비전을 실시함. 이때는 한 명의 수퍼바이저가 다수의 수퍼바이지에 대해 처음에는 개인적으로, 나중에는 집단과 세미나를 통해 수퍼비전을 제공하는 형식이었음.
- 최초의 임상 수퍼비전은 프로이트의 수요 모임에서 시작됨. 1902년 프로이트는 정신분석분석가가 정신분석을 받는 수퍼비전의 단계를 설정함.
- 1920년대 상담에서의 수퍼비전의 필요성 대두됨. 1925년에 수퍼비전이 상담자의 훈련 과정에서 최초로 필수적인 요소가 되었음.
- 1920년~1930년도에 학생실습교육 치료접근법의 성장모델을 강조함. 현재도 도슨의 행정적, 교육적, 지지적 수퍼비전 이론을 가장 많이 이용함.
- 1950년도 정신분석적 입장에서 사회과학적 관심으로 변화하였고 수퍼비전을 전문적 지위에 올려 놓았음.
- 1960년대에는 초기와 1970년 수퍼비전의 통제로부터의 자유를 추구하며, 민주적이고 자율적인 참여, 상호관계성 강조함. 1960년대 개인 수퍼비전과 집단 수퍼비전의 성과에 대한 만족을 동일하게 느끼게 되면서 수퍼비전 수요가 증가하였음.
- 1970년대 행정기능중심 수퍼비전이 강조되었고, 1980년 이후 교육적 수퍼비전이 증가하였음.
- 1980년대에서야 비로소 수퍼비전에 기반한 수퍼비전 모델들이 본격적으로 등장하였고, 수퍼비전이 상담 영역에서 분명한 위치를 차지하는 세부 전공으로 간주되었음.
- 1980년대 수퍼비전 과정과 결과에 대한 연구가 시작되었음. 이후 1년에 12편 정도의 비율로 경험적 연구가 출판되었고, 수퍼비전 영역에서 이론적이며 경험적 작업과 관련된 영역은 상담교육, 상담심리와 사회복지 분야였음.
- 1900년대 중반(20세기 중반)의 수퍼비전 이론들은 전반적으로 심리치료 이론을 반영한 것임.

🔷 수퍼비전의 목적

① 상담자의 성장과 전문성 발달을 촉진
② 내담자의 복지를 보호하기/내담자
③ 수퍼바이지 역할수행 감독 및 전문직의 문지기 역할(gate keeper)
④ 전문가로서의 상담자 스스로의 역량을 강화하기
- 버나드와 굳이어(Bernard & Goodyear)가 제시한 수퍼비전의 목적: **수퍼바이지 훈련, 내담자 보호, 손상된 전문성 회복**
- 손상된 전문성이란? 상담자 개인의 힘듦이나 소진(bern out)으로 자신의 전문성을 충분히 발휘하지 못하는 현상

🔷 수퍼비전의 목표

① 구체적인 상담 기술 습득하기
② 내담자에 대한 이해 증진하기
③ 과정 이슈에 대한 인식 확장하기
④ 자기 인식 및 자신이 상담과정에 어떤 영향을 미치는지에 대한 인식 확장하기
⑤ 배우고 숙달되는 과정에서 방해가 되는 개인적, 지적 장애물 극복하기
⑥ 상담 개념과 이론에 대한 이해 심화시키기
⑦ 상담에 대한 연구를 하도록 자극하기
⑧ 상담 서비스의 기준 유지하기

🔷 수퍼비전의 기능

- 주요기능 : 초보 상담자나 수련생 훈련으로 수퍼비전을 받는 상담자가 내담자를 효과적으로 조력하도록 능력을 향상시키려는 의도
- 학자에 따른 수퍼비전(Supervision)의 3가지 기능
  - Conner(코너)   ① 훈련   ② 지지   ③ 관리
  - Kadushin(카두신) ① 교육적 기능 ② 지지적 기능 ③ 관리적 기능

기출 문제

16-01. 수퍼비전의 정의로 옳지 않은 것은?

① 수퍼바이저가 내담자의 직업 활동을 평가하고, 적절한 직업적 행동을 습득하도록 돕는 교육과정
② 상담자의 수행활동을 감독 혹은 지도하는 활동
③ 수퍼바이저가 수퍼바이지의 치료적 능력의 발달을 촉진하려는 의도를 가지고 계획적으로 하는 대인관계
④ 상담분야의 선배 또는 보다 전문적인 위치에 있는 사람이 후배 또는 미숙한 구성원에게 제공하는 개입
⑤ 상담자가 상담을 잘 할 수 있도록 경험이 많고 숙련된 상담자가 도와주는 과정

정답 ①

해설 수퍼바이저가 내담자의 직업활동을 평가하는 것이 아니라 수퍼바이지의 직업활동을 평가하고, 적절한 직업적 행동을 습득하도록 돕는 교육과정이다.

16-02. 수퍼비전에 관한 설명으로 옳지 않은 것은?

① 수퍼비전의 구체적인 목표는 수퍼바이저의 이론적 배경으로부터 크게 영향을 받는다.
② 수퍼비전의 단기적 목표는 수퍼바이지의 셀프 수퍼비전 능력 개발에 있다.
③ 내담자를 보호하는 것은 수퍼비전의 중요한 목적이 된다.
④ 프로이트(S. Freud)가 만든 수요모임이 수퍼비전의 첫출발이라고 볼 수 있다.
⑤ 수퍼비전 관계는 수퍼비전이 진행되면서 변화한다.

정답 ②

해설 수퍼비전의 장기목표는 수퍼바이지의 셀프 수퍼비전 능력 개발에 있다.

15-01. 수퍼비전에 관한 설명으로 옳지 않은 것은?

① 수퍼바이저와 상담자, 내담자간의 전문적 관계이다.
② 상담자의 전문성발달을 목적으로 한다.
③ 상담자가 유능해짐에 따라 수퍼바이저로부터 상담기법에 대한 지도를 받을 필요가 점차 줄어든다.
④ 상담자의 소진관리는 수퍼비전에서 다룰 주제가 아니다.
⑤ 수퍼바이저의 이론적 성향은 수퍼비전 목표설정에 영향을 준다.

정답 ④

해설 상담자가 소진하게 되면 상담의 질에 영향을 미치기 때문에 상담자의 소진 역시 수퍼비전에서 다루어야 한다.

14-14. 수퍼비전에 관한 설명으로 옳은 것은?

① 수련생의 셀프 수퍼비전 역량강화를 목적으로 한다.
② 임상 수퍼비전은 인사문제, 시간관리, 기록관리 등의 주제에 초점을 둔다.
③ 전문직으로서 대중에게 책임을 다해야 한다는 상담자의 자율성 증진을 목적으로 한다.
④ 어려운 사례를 만났을 때만 도움을 받는 단회기 활동이다.
⑤ 수련생의 실습기관이 달라도 수퍼비전의 실무, 역할, 책임은 달라지지 않는다.

정답 ①

해설 ② 행정 수퍼비전은 인사문제, 시간관리, 기록관리 등의 주제에 초점을 둔다.
③ 전문직으로서 대중에게 책임을 다해야 한다는 상담자의 책무성 증진을 목적으로 한다.
④ 어려운 사례를 만났을 때만 도움을 받는 것이 아니라 꾸준한 임상수퍼비전을 통해 내담자의 복지에 기여해야 하는 활동이다.
⑤ 수련생이 속한 실습기관의 상황에 따라 수퍼비전의 실무, 역할, 책임이 달라진다.

12-24. 수퍼비전에 관한 설명으로 옳은 것을 모두 고른 것은?

> 가. 수퍼바이저, 수퍼바이지, 내담자 간의 전문적 과정이다.
> 나. 다른 사람이 하는 일에 대해 책임을 가지고 지켜본다는 뜻이다.
> 다. 수퍼바이저가 수퍼바이지의 상담능력을 증진시키는 것이다.
> 라. 수퍼비전의 목적은 효과적이지 않은 상담으로부터 내담자를 보호하는 것이다.

① 가, 나
② 나, 다
③ 가, 다, 라
④ 나, 다, 라
⑤ 가, 나, 다, 라

정답 ⑤

해설 수퍼비전이란 수퍼바이저, 수퍼바이지, 내담자 간의 전문적 과정이다.
수퍼비전이란 다른 사람이 하는 일에 대해 책임을 가지고 지켜본다는 뜻이다.
수퍼비전을 통해 수퍼바이저가 수퍼바이지의 상담능력을 증진시킨다.
수퍼비전의 목적은 효과적이지 않은 상담으로부터 내담자를 보호하는 것이다.

2 수퍼바이저와 수퍼바이지의 관계와 역할

1. 수퍼바이저

🔲 바람직한 수퍼바이저란?

① 상담개입에 구체적인 지침을 주고, 상담과정에 대해 **해석적인** 수퍼바이저
② 내담자의 문제를 탐색하도록 돕고, 불안을 감소시켜주는 **업무지향적** 수퍼바이저
③ 자신의 역량부족을 수용받을 수 있고 자신감을 가질 수 있도록 하는 **지지적** 수퍼바이저
④ 수퍼비전에 대한 기대와 목적이 합의될 수 있는 **긍정적인 관계**를 형성하는 수퍼바이저

🔲 Haynes, Corey와 Moulton(2006)의 수퍼바이저 역할

① 교　사: 내담자 평가와 진단, 상담 이론과 기법, 상담에서의 윤리, 그리고 상담을 진행하면서 경험하게 되는 다양한 문제들에 대해 수퍼바이지를 **교육**하는 역할
② 상담자: 수퍼바이지의 개인적인 문제를 **치료**적으로 다루는 역할
③ 자문가: 상담을 보다 효율적으로 처리하는 데 필요한 **전문적인 의견**(사례이해, 상담기법, 행정처리 절차)을 주는 역할
④ 평가자: 수퍼바이지의 상담능력 등 수행에 대해 **평가**하는 역할
⑤ 멘　토: 수퍼바이지가 전문 상담자로 성장할 수 있도록 경험을 토대로 하여 상담과 상담자로서의 **성장을 위한 조언**과 도움을 주는 역할
⑥ 관리자: 수퍼바이저와 수퍼바이지가 소속된 학회, 전문가 협회나 조직의 규정에 따라 수퍼바이저의 상담 과정과 수퍼비전 과정을 **관리**하고 유지하는 역할
⑦ 조언자: 자살과 같은 **위기상황에 대해** 자문하는 것을 넘어서 **적극적**으로 수퍼바이지의 상담에 **개입**하는 역할
⑧ 공명판: 수퍼바이지가 상담에서 경험하고 있는 어려움을 논의하고, **수퍼비전 내용을 조명**할 수 있도록 돕는 역할
⑨ 지지자: 수퍼바이지가 **상담을 잘 할 수 있도록** 격려하고 지지하는 역할
⑩ 문서관리자: 상담 수퍼비전 매 회기에서 논의된 주요 문제와 수퍼비전 과정에 대한 내용을 **기록하고 보존**하는 역할

수퍼바이저의 노출영역(Ladany & Walker, 2003)

① 개인적인 자료
② 치료경험
③ 전문가로서의 경험
④ 내담자에 대한 훈련생의 반응
⑤ 수퍼비전 경험

수퍼비전 스타일(Friedlander & Ward, 1984)

- 자문가 역할 : 매력적인
- 교사 역할 : 과업지향적인
- 상담자 역할 : 대인관계에 민감한

2. 수퍼바이지

수퍼바이지의 자세(Kanfer & Schefft)

① 수퍼바이저에게 상담에 대한 많은 정보 제공
② 상담자의 강점과 약점을 수퍼바이저에게 피드백(feedback) 받기
③ 수퍼바이저와 내담자에게 받는 느낌과 반응을 자유롭게 토의하기

수퍼바이지 발달 수준 평가 영역

① 의존성-자율성의 발달
② 구체적 상담개입기술과 사례개념화 등 인지적 기술 발달
③ 작업동맹, 정서적 민감성, 자기성찰 등 다양한 주제에 걸친 발달

3. 수퍼비전 관계

◼ 수퍼비전 관계형성에 필수 요소
① <u>상호 신뢰</u>
② <u>자기개방 격려하기</u>
③ <u>전이와 역전이 확인하기</u>
④ 다양성의 사안 검토하기
⑤ <u>적절한 한계수립</u>

◼ 수퍼비전 관계에 미치는 수퍼바이저 영향
① 수퍼비전 양식(Friedlander & Ward, 1984): 매력적 수퍼비전 양식(자문가), 대인관계에 민감한 수퍼비전 양식(상담자), 과업중심 수퍼비전 양식(교사)
  ⇒ 버나드(Bernard)의 수퍼바이저의 역할과 일치
② 대인관계적 권력
③ **수퍼바이저에 의한 노출의 5가지 영역**(Ladany & Walker, 2003)
  - 개인적인 자료
  - 치료경험
  - 전문가로서의 경험
  - 내담자에 대한 훈련생의 반응
  - 수퍼비전 경험

◼ 수퍼비전 관계에 미치는 수퍼바이지 영향
① <u>수퍼바이지의 저항</u> : 자기보호 기능과 발달욕구의 상충
② <u>수퍼바이지의 불안</u> : 애매한 기대(불안을 감소시키는 요소: 자기노출과 성찰권장하기, 유머, 그러려니하고 넘기는 것)
③ <u>수퍼바이지의 비노출</u> : 수퍼바이저에 대해 불만족한 경우 중요한 정보를 공유하지 않음
④ 수퍼바이지의 유능감에 대한 욕구
⑤ <u>수퍼바이저와의 전이 현상</u>
⑥ <u>수퍼바이저와의 애착 유형</u>

🔷 수퍼비전 작업동맹(Bordin, 1983)

① 정의 : 변화를 목표로 하는 친밀한 관계, 상호적인 관계로 수퍼비전 작업동맹이라고 함
② **상담관계와 수퍼비전관계**의 공통점과 차이점
   - 공통점: 변화의 수행자, 상호작용의 관계에서 발생, 참여자의 적극적 관여 요구, 발전 지향적, 경험 지향적, 일정기간에 일어나며, 개방적 신뢰적 협동 관계가 성공 관점
   - 차이점

상담 관계	수퍼비전 관계
• 내담자가 자기이해로 문제 다루는 기능 개발	• 실제 학습으로 전문적 발달 도모
• 만족스럽고 충만한 삶의 추구	• 치료적 효과를 위한 기술, 자원의 개념화 능력
• 자료 제시 : 구두, 그림, 검사	• 일방경, 축어록, 비디오, 녹음
• 치료적 관계를 위한 유대 강화	• 상담 전문성에 대한 교육과 훈련과의 관계
• 내담자의 효율적 자기 관리	• 효율적 역할 관리
• 내담자에 대한 도덕, 인간적, 법적 책임감	• 수련자가 아닌 내담자에 대한 책임감 우선

🔷 보딘(Bordin)의 수퍼비전 작업동맹의 3가지 요소

① **목표**에 대한 동의
② 목표달성을 위한 **과업**에 대한 동의
③ 지속적 노력을 위한 정서적 유대

🔷 홀로웨이(Holloway)의 수퍼비전 관계의 3가지 요소

① 힘과 관여 차원을 포함하는 관계의 상호작용 구조
② 관계의 단계
③ 과제나 기능에 대한 기대로 이루어지는 수퍼비전 계약

이론가들이 말하는 수퍼비전 관계

Bordin	• 유대의 강조 • 수퍼바이지와 수퍼바이저가 공유하는 선호와 돌봄과 신뢰의 감정을 말함
Holloway	• 수퍼비전 관계에서 권력과 관여의 중요성 강조 • 상호작용을 통한 권력의 공유 가능
Skovholt & Ronnestad	• 수퍼바이저의 권력은 수퍼바이지의 나이, 경험수준, 지지기반에 따라 조절 가능
Johnson	• 수퍼바이지가 성숙하고 전문성이 발달됨에 따라 독점적 거래방식에서 협력, 변형된 방식으로 발달함 • 멘토링과의 유사점을 시사함

Worthen & Mcneill	• 긍정적 수퍼비전 경험의 두 가지 측면
	  a. 따뜻함, 수용, 존중, 이해, 신뢰로 이루어진 좋은 수퍼비전 관계
	  b. 수퍼바이저의 자기노출을 통한 모델링

프라울리-오디아(M. Frawley-O'Dea)와 샤멋(J. Samat)의 관계 모델
- 프라울리-오디아(M. Frawley-O'Dea)와 샤멋(J. Samat)의 관계 모델(수퍼비전의 관계모델)은 정신분석 이론에 기초하여 수퍼비전을 위한 유용한 개념도를 제시한다.
- 수퍼비전은 수퍼바이저, 수퍼바이지, 수퍼바이저-수퍼바이지의 관계에 초점을 맞춘다.
- 수퍼바이저는 교사 역할, 질문자 역할, 수퍼바이지의 정서를 담는 역할을 한다.
- 수퍼바이저의 권위는 수퍼바이저-수퍼바이지와의 관계 속에 존재한다.

홀로웨이(Holloway)의 수퍼비전의 3단계 : 시작-성숙-종결
① 시작단계
- 수퍼바이저와의 관계를 분명히 하고 수퍼비전 계약을 체결함(평가 특성, 영역, 기대, 목적, 비밀보장의 한계와 경계선 이슈 등 포함)
- 수퍼비전 계획을 세우기
- 치료계획과 지지적인 교수법 선택하기
- 수퍼바이지의 유능성 개발하기

② 성숙단계
- 수퍼비전 관계를 평등하게 책임지는 관계
- 긴밀한 유대의 강화
- 수퍼바이지는 사례개념화 기술 개발에 집중함
- 수퍼바이지는 상담에 대한 자신감과 자기효능감 증가를 경험함

③ 종결단계
- 수퍼바이지는 이론과 실제를 연결하여 내담자에 대한 이해가 증가됨
- 수퍼바이저의 지시가 감소되고 협력적 작업구조를 형성
- 수퍼비전 평가시기로 수퍼비전 종결에 대한 생각과 감정을 논의함

수퍼비전 갈등(Olk & Friedlander)
- 수퍼바이저가 수퍼바이지의 견해와 상충되는 행동을 요구할 때 역할갈등이 발생함
- 수퍼비전에서 수퍼바이저와 수퍼바이지의 역할모호성은 초보자에게 나타나며, 역할갈등은 상급 수퍼바이지에게서 나타남

정신분석 수퍼비전에서의 관계 : 병행과정
- 병행과정이란 내담자가 수퍼바이지에게 자신을 드러내는 것처럼 수퍼바이지가 무의식적으로 수퍼바이저에게 자신을 드러내는 현상이다.
- 수퍼바이지가 내담자와의 관계에서 수퍼바이저의 태도와 행동을 취할때는 과정이 역전된다.
- 병행과정을 통해 수퍼비전에서 발생하는 다양한 이슈들을 해결하면 상담관계에서 유사한 이슈를 해결할 수 있다(Ellis & Douce).
- 수퍼바이저는 수퍼바이지의 불안을 담아주고 병행과정을 해석하고 그런 후에 불안을 다루는 것이 효과적이다(Jacobsen).
- 병행과정을 해결하기 위해 지금-여기에 초점을 맞추는 것이 중요하다(Shohet & Wilmot).
- 병행과정에 대한 이해가 부족한 상태에서 병행과정을 사용하는 것은 수퍼바이지의 학습에 역효과를 가져올 수 있다(Morrissey & Tribe).

수퍼비전에서 역전이 영역(Lower)
① 일반적인 성격특성
② 수퍼비전 상황에서 촉발되는 내적 갈등
③ 수퍼바이지에 대한 역전이 반응
④ 수퍼바이지 전이에 대한 역전이 반응

4. 수퍼비전 방법과 기술

수퍼바이저와 수퍼바이지의 과업

수퍼바이저	수퍼바이지
• 수퍼비전 목표에 의해 구체적인 상담기술에 대한 피드백 제공 • 수퍼바이지의 감정과 지각에 주의집중 • 수퍼바이지가 다양한 방식으로 반응하도록 도움 • 오디오, 비디오 테이프를 통한 관찰	• 문서화된 보고서 및 구술보고서 준비 • 수퍼비전에서 발표할 문제와 이슈를 선택

수퍼비전의 방식
- 사례자문 : 가장 일반적 수퍼비전 방식, 자기보고의 부적확성의 단점이 있음
- 공동치료 : 개인상담이나 집단상담에서 공동치료자와 함께 작업함
- 직접관찰 : 상담회기에 직접 참여하는 것. 일방경이나 비디오 화면을 통해 직접관찰함. 내담자의 서면동의가 필요함
- 녹화방식 : 테이프를 멈추고 질문할 수 있어서 선호하는 방식. 초심수퍼바이지에게 유용함
- 녹음 : 오디오 테이프로 녹음할 때 내담자의 서면동의가 필요함
- 컴퓨터를 사용한 온라인 방식(이메일, 화상, 메신저) : 윤리적 문제를 고려해야 함. 서면동의가 필요함
- 역할극 : 수퍼바이저=상담자, 수퍼바이지=내담자로 역할을 바꾸어 진행함
- 모델링과 시범 : 수퍼바이저가 행동 시범을 통해 가르침
- 코칭 : 수퍼바이지의 학습을 촉진시킴. 질문의 중요성이 강조됨. 인간중심 수퍼비전과 유사함. 숙련된 상담자나 동료 수퍼비전에서 효과적임

- 서면정보를 이용하는 방식 : 메일이나 우편을 이용할 수 있음
- 과제주기 : 책, 비디오 등을 통해 숙제를 줌 ☞ 내담자에게 잘 적용이 되는지 확인
- 심리치료 모델에 기초한 방식
  • 정신분석 : 수퍼바이지와 수퍼바이저의 관계와 역동 탐색함. 수퍼바이지가 내담자와의 갈등해결의 역동을 이해함
  • 인간중심 : 상담기술보다 상담자 태도에 초점을 둠
  • 인지행동 : 행동적 방법(① 수퍼비전 관계형성, ② 기술과 평가분석, ③ 목표세우기, ④ 목표달성 전략개발, ⑤ 평가하기와 학습을 일반화하기)에 초점을 둠

수퍼비전의 기술

① **대인관계과정회상(Interpersonal Process Recall)** : 상호작용과정회상
   - 미리 녹화된 상담회기 화면을 보고 상담 중 이미지를 떠올리며 언급되지 않은 안건을 확인하는 방법
   - IPR, 저널링, 소크라테스식 질문을 통해 자신의 상담을 분석하는 방법은 상담자의 자기성찰을 향상시키는 데 도움이 됨
② 수퍼비전 가계도[1] : 수퍼바이지가 수퍼바이저의 신상정보와 경향, 수퍼비전 동맹의 특성, 수퍼비전이 수행된 전문성의 배경, 사용된 수퍼비전 방식을 가계도처럼 그리는 것

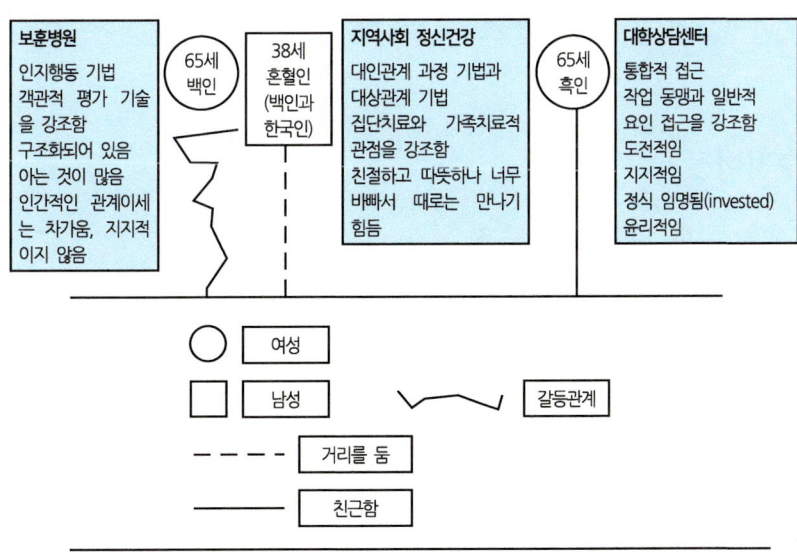

---

[1] 출처 : 상담 수퍼비전(유영권). 학지사

③ 수퍼바이지의 문화적 이슈 다루기 : 수퍼바이저가 수퍼바이지의 다문화적 역량에 대해 논의함
④ **수퍼바이지가 역전이를 이해하고 다루도록 돕기**
- 상담자의 역전이를 다루는 5가지 핵심 : **자기통찰, 자기통합, 분노조절, 공감, 사례개념화능력**
- 상담자의 역전이의 단서 : 멍한 표정, 흥분되거나 낙담한 모습, 침착하지 못함, 지루해 보임, 상담회기에 습관적으로 지각함, 습관적인 상담시간 초과, 과도한 자기노출, 치료적인 상호작용 대신 유쾌한 대화, 즉각적이고 끊임없는 대화로 침묵을 허락하지 않음, 매 회기에서 특정 내담자에게 시간을 전적으로 할애함, 어떤 특정한 내담자에 대한 토론을 피함
- 수퍼바이지의 역전이 단서 : 수퍼바이지가 수퍼비전 도중 내담자에 대해 논의할 때 기분에서 중대한 변화를 드러냄, 내담자의 증상에 대해 적합한 설명을 하지 않고 병리학적인 측면을 강조 또는 묘사
⑤ 수퍼바이저는 수퍼바이지의 성찰(=관심이나 생각의 내적과정)을 돕도록 도움
- 지지적인 작업동맹, 성찰할 수 있는 환경조성 ⇒ 수퍼바이지의 딜레마 또는 문제점을 직면시킴
⑥ 수퍼바이저의 자기노출
- 불일치 vs 일치, 친밀함 vs 어색함, 수퍼바이저 자신을 위함 vs 훈련생을 위함
⑦ 개인 수퍼비전에서 구조화된 동료 집단을 활용함

5. 다문화 수퍼비전

수퍼비전을 위한 다문화적 구조

① "다문화적"의 의미: 성, 인종, 민족, 성적지향성, 장애, 사회경제적 지위, 나이, 종교를 포함하여 이런 요소들이 서로 교차하는 부분을 포함한 다양한 문화와 정체성
② 다문화적 역량 3가지
- **다문화적 지식**: 다문화적 상담 역량에 대한 지식, 다문화적 이슈에 주의를 기울이는 수퍼비전 이론, 다문화적 수퍼비전과 관계있는 윤리
- **다문화적 자기인식**: 자신의 다문화적 정체성을 성찰하고 이해하는 능력과 정체성이 상담에서 표현되는 것을 인식하는 것

- **다문화적 기술**: 문화적으로 민감한 비언어적 표현, 다문화적 상담 작업 동맹을 개발하는 능력, 상담자와 내담자 간의 인종적 유사점과 차이점에 대해 논의하기 등 상담에서 하는 일과 문화적으로 관련이 있는 기법과 개입 및 다문화적 상담의 자기효율성
③ 세상은 사회적으로 억압된 집단과 사회적으로 기득권을 가진 집단으로 나뉘는데 내담자가 사회적으로 잘 기능할 수 있도록 상담자가 도움
④ 대인관계 기능 도구(Means of Interpersonal Functioning: MIF): 대인관계 발달은 적응, 부조화, 탐색, 통합의 과정을 거치는 데 상담자가 내담자의 대인관계 발달기능을 잘 점검하고 도울 수 있어야 함

수퍼바이저의 다문화적 역량의 영역
① 수퍼바이저에게 초점을 맞춘 개인적 발달
② 수퍼바이지에게 초점을 맞춘 개인적 발달
③ 사례개념화
④ 다문화 상담 기술 및 개입
⑤ 수퍼비전 과정
⑥ 수퍼비전 결과 및 수퍼바이지 평가

수퍼바이지의 다문화적 역량의 영역
① 자신의 태도, 세계관 그리고 편견 탐구하기
② 내담자의 관심사를 대안적으로 개념화하기
③ 다양한 상담 접근 방법을 사용하기
④ 수퍼비전에서 다문화적 이슈를 점검하기

기출 문제

18-01. 코리 등(G. Corey et al.)이 제시한 수퍼바이저의 역할과 이에 관한 설명의 연결이 옳지 않은 것은?

① 교사 – 수퍼바이지가 특정 상담기법을 충분히 이해할 수 있도록 설명해준다.
② 상담자 – 수퍼바이지가 상담사례를 다루는 중에 겪게 되는 심리적 어려움을 조력한다.
③ 평가자 – 수퍼바이지의 수행정도를 고려하여 실습학점을 부여한다.
④ 중재자 – 수퍼바이지가 경험하는 스트레스를 함께 의논하고 스트레스에 대한 중재와 대처를 돕는다.
⑤ 관리자 – 수퍼바이지가 상담하고 있는 사례들을 기관 방침에 따라 기록·관리를 잘 하고 있는지 확인한다.

정답 ④

해설 코리 등이 제시한 수퍼바이저 역할에는 교사, 상담자, 자문가, 평가자, 멘토, 관리자, 조언자, 공명판, 지지자, 문서관리자가 있다. 중재자의 역할은 제시되어 있지 않다.

17-01. 수퍼바이저의 역할과 기능에 관한 설명으로 옳은 것은?

① 수퍼바이저는 한 회기에 한 가지 역할에 충실하면 된다.
② 자문가 역할은 수퍼바이지의 문제를 해결하거나 의사결정을 도울 때 사용한다.
③ 교사 역할은 수퍼바이지가 역전이 문제를 경험할 때 사용하면 효과적이다.
④ 평가자 역할은 수퍼바이지에게 힘을 북돋아 주는 것을 의미한다.
⑤ 멘토 역할은 수퍼바이지가 사례에 대한 이해를 바탕으로 상담목표 설정을 돕는 것이다.

정답 ②

해설
① 수퍼바이저는 여러 가지 역할을 수행한다.
③ 교사 역할은 내담자 평가와 진단, 상담 이론과 기법, 상담에서의 윤리, 그리고 상담을 진행하면서 경험하게 되는 다양한 문제들에 대해 수퍼바이지를 교육하는 역할
④ 평가자 역할은 수퍼바이지의 상담능력 등 수행에 대해 평가하는 역할
⑤ 멘토 역할은 수퍼바이지가 전문 상담자로 성장할 수 있도록 경험을 토대로 하여 상담과 상담자로서의 성장을 위한 조언과 도움을 주는 역할

16-03. 일회성 초빙수퍼비전에서 수퍼바이저의 역할 및 태도에 관한 설명으로 옳은 것을 모두 고른 것은?

ㄱ. 수퍼바이지의 전문성을 평가하는 평가자 역할
ㄴ. 일회 수퍼비전이므로 수동적으로 참여하는 것이 필요함
ㄷ. 짧은 시간에 여러 가지 역할 수행이 필요함
ㄹ. 수퍼바이지의 전문가적 발달수준을 파악해야 함

① ㄱ, ㄷ ② ㄱ, ㄹ
③ ㄱ, ㄷ, ㄹ ④ ㄴ, ㄷ, ㄹ
⑤ ㄱ, ㄴ, ㄷ, ㄹ

정답 ③

해설 ㄴ. 일회 수퍼비전이므로 수동적으로 참여하는 것은 옳지 않다.

12-19. 수퍼바이저의 문지기 역할에 관한 설명으로 옳은 것은?

① 공감, 존중 등의 조력기술을 발달시키는 역할
② 필요한 개입을 통해 내담자의 안녕을 보호하는 역할
③ 발달과 성장을 촉진하도록 돕는 역할
④ 상담전문가가 되기 위한 자질과 역량을 가지고 있는지 평가하는 역할
⑤ 자기평가를 하는데 필요한 기술, 자원들을 개발하도록 돕는 역할

정답 ④

해설 수퍼바이저의 문지기 역할은 수퍼바이지가 상담전문가가 되기 위한 자질과 역량을 가지고 있는지 평가하고 추천한다.

15-02. 다음 설명에 가장 적합한 수퍼바이저 역할은?

> - 수퍼바이저들이 수행하기 어려워하는 역할 중 하나이다.
> - 역할을 효과적으로 수행하기 위해서는 근거나 기준이 필요하고 윤리적이어야 한다.
> - 상담수련생의 발달수준의 강점과 약점, 상담전문가로서 문제점이 있는지 여부 등을 다룬다.

① 상담자　　　　② 자문가
③ 교사　　　　　④ 중재자
⑤ 평가자

정답 ⑤

해설 수퍼바이지의 수행을 평가하는 역할이다.

16-05. 수퍼비전 관계에 영향을 미치는 요인 중 수퍼바이지와 관련된 것을 모두 고른 것은?

ㄱ. 애착유형	ㄴ. 유능감에 대한 욕구
ㄷ. 전이	ㄹ. 수치심 회피

① ㄱ
② ㄴ, ㄹ
③ ㄱ, ㄷ, ㄹ
④ ㄴ, ㄷ, ㄹ
⑤ ㄱ, ㄴ, ㄷ, ㄹ

정답 ⑤

17-16. 수퍼비전 관계형성을 위한 필수요소를 모두 고른 것은?

ㄱ. 신뢰 형성하기	ㄴ. 자기개방 격려하기	ㄷ. 전이와 역전이 다루기
ㄹ. 개인적 호감도 높이기	ㅁ. 적절한 경계 설정하기	

① ㄱ, ㄴ
② ㄴ, ㄹ
③ ㄷ, ㄹ, ㅁ
④ ㄱ, ㄴ, ㄷ, ㅁ
⑤ ㄱ, ㄴ, ㄷ, ㄹ, ㅁ

정답 ④

해설 ㄹ. 수퍼바이저와 수퍼바이지의 개인적 호감도를 높이는 것은 관계형성에서 중요하지 않다.

18-02. 수퍼비전 작업동맹과 관련된 설명으로 옳지 않은 것은?

① 수퍼바이저는 수퍼비전 작업동맹과 상담 작업동맹을 동일시하지 않도록 주의해야 한다.
② 수퍼비전의 목표는 수퍼바이지와 내담자가 합의한 목표와 동일하다.
③ 수퍼바이저는 수퍼바이지와 합의하여 수퍼비전의 목표를 설정한다.
④ 수퍼바이저는 수퍼바이지와 각자 수행해야할 과업에 대해 서로 동의하고 공유한다.
⑤ 수퍼바이저의 수퍼바이지에 대한 부적절한 평가는 정서적 유대감 형성을 방해할 수 있다.

정답 ②

해설 수퍼비전의 목표는 수퍼바이지와 내담자가 합의한 목표가 아니라 수퍼바이저와 수퍼바이지가 합의한 목표이다.

17-19. 수퍼바이저의 자기개방에 관한 설명으로 옳은 것을 모두 고른 것은?

ㄱ. 수퍼바이지의 이슈, 요구, 관심사와 맞아야 한다.
ㄴ. 수퍼바이지를 도와주기 위한 의도를 가진 자기개방이어야 한다.
ㄷ. 수퍼바이지와의 친밀성을 고려해야 한다.
ㄹ. 수퍼바이저의 발달을 촉진한다.

① ㄱ, ㄴ
② ㄱ, ㄹ
③ ㄱ, ㄴ, ㄷ
④ ㄴ, ㄷ, ㄹ
⑤ ㄱ, ㄴ, ㄷ, ㄹ

정답 ③

해설 ㄹ. 수퍼비저의 자기개방이 수퍼바이저의 발달을 촉진하는 것은 아니다.

15-06. 다음 ( )에 공통으로 들어갈 내용으로 옳은 것은?

> 이 수퍼비전의 궁극적인 목표는 전문가로 성장하는 과정에서 상담수련생이 자신의 수행수준을 스스로 감독할 수 있게 하는 것이다. ( )에서 자신을 평가하는 능력은 매우 중요한 부분을 차지한다. 오디오 테이프를 활용한 수퍼비전은 상담수련생과 내담자를 모니터링 할 수 있으며 상담수련생의 ( )를 촉진시킬 수 있다.

① 자문가 역할
② 라이브 수퍼비전
③ 이형동질과정
④ 자기 수퍼비전
⑤ 자기개방

정답 ④

해설 수퍼비전의 궁극적인 목표는 자기수퍼비전(self-supervision)능력을 향상시키는 것이다. 오디오 테이프를 활용하고 축어록을 작성해보는 것은 상담자와 내담자의 상담과정을 모니터링 할 수 있으며 상담자의 자기수퍼비전을 촉진시킬 수 있다.

17-15. 수퍼비전에 대한 수퍼비전의 형식과 기법에 해당하는 것을 모두 고른 것은?

> ㄱ. 수퍼비전 영상 파일 검토하기
> ㄴ. 수퍼비전에 대한 라이브 수퍼비전
> ㄷ. SIT(Supervisor in Training)가 자신의 수퍼바이저를 수퍼비전하기
> ㄹ. 셀프 수퍼비전

① ㄱ
② ㄴ, ㄷ
③ ㄱ, ㄴ, ㄷ
④ ㄴ, ㄷ, ㄹ
⑤ ㄱ, ㄴ, ㄷ, ㄹ

정답 ③

해설 수퍼비전에 대한 수퍼비전이란 고급 수퍼바이저가 초보 수퍼바이저를 수퍼비전하는 것이다. 셀프 수퍼비전이란 수퍼바이저가 스스로를 수퍼비전 하는 것이다.

17-02. 수퍼비전 기법 중 미리 녹화된 상담회기 화면을 보고 이미지를 떠올리고, 언급되지 않은 안건을 확인하는 기법은?

① 현장 수퍼비전
② 대인관계과정회상(IPR)
③ 전화개입
④ 수퍼비전 구조화
⑤ 팀 수퍼비전

정답 ②

해설 대인관계과정회상(IPR)은 수퍼비전 기법 중 미리 녹화된 상담회기 화면을 보고 이미지를 떠올리고, 언급되지 않은 안건을 확인하는 기법이다.

15-05. 수퍼비전에서 활용하는 대인관계과정회상 기술에 관한 설명으로 옳은 것을 모두 고른 것은?

> 가. 상담회기의 여러 현상들을 생생하게 회상하는 것이다.
> 나. 상담 중에 집중하지 못하는 상담자의 행동빈도를 낮추는 데 효과적이다.
> 다. 수퍼바이저만 녹화된 영상자료를 재생하거나 멈출 수 있다.

① 가
② 나
③ 가, 나
④ 나, 다
⑤ 가, 나, 다

정답 ③

해설 다. 수퍼바이저뿐 아니라 수퍼바이지도 수퍼비전을 원하는 부분이 녹화된 영상자료를 재생하거나 멈출 수 있다.

18-03. 상담 수퍼비전에 관한 설명으로 옳은 것을 모두 고른 것은?

> ㄱ. 수퍼비전의 목적에는 상담자 교육 및 훈련, 내담자 복지 향상이 포함된다.
> ㄴ. 상담자는 모든 상담사례에 대해 반드시 수퍼비전을 받아야 한다.
> ㄷ. 수퍼바이지가 윤리적 지침에 따라 상담사례를 다루고 있는지를 확인해야 한다.

① ㄱ
② ㄱ, ㄴ
③ ㄱ, ㄷ
④ ㄴ, ㄷ
⑤ ㄱ, ㄴ, ㄷ

정답 ③

해설 [ㄴ] 상담자는 원하는 상담사례에 대해 수퍼비전을 받는다.

18-09. 다음에 제시된 질문들이 공통적으로 의도하는 수퍼비전 개입은?

> ○ 심리검사 결과와 호소문제 등을 종합하여 어떤 가설을 설정했나요?
> ○ 내담자의 자원과 취약점에 대해 어떻게 이해하고 활용하였나요?
> ○ 어떤 상담이론을 근거로 상담목표와 전략을 수립할 수 있을까요?

① 호소문제 이해여부 탐색
② 상담 사례개념화 조력
③ 심리검사 활용 적절성 검토
④ 상담목표 설정 적절성 검토
⑤ 진단명 확정을 위한 평가전략 탐색

정답 ②

해설 사례개념화에 대한 내용이다.

18-11. 수퍼비전에서의 자기개방에 관한 설명으로 옳지 않은 것은?

① 수퍼바이저의 자기개방은 필요한 시점에 적절한 방법으로 해야 한다.
② 수퍼바이저의 자기개방은 수퍼바이저로서의 자신감을 얻는 것이 목적이다.
③ 수퍼비전 작업동맹이 잘 형성된 경우 수퍼바이지의 자기개방이 비교적 쉽다.
④ 수퍼비전 작업동맹이 잘 형성된 경우 수퍼바이지는 수치심, 두려움과 불안 등 부정적 감정을 쉽게 개방한다.
⑤ 수퍼바이저가 지나치게 개인적인 이야기를 나누는 것은 경계를 혼란스럽게 할 수 있으므로 주의해야 한다.

정답 ②

해설 수퍼바이저의 자기개방은 수퍼비전에 필요할 때 사용한다.

15-25. 수퍼비전에서 문화적 영향을 고려하는 접근으로 옳지 않은 것은?

① 상담직의 사회정치적 특성을 인정하도록 돕는다.
② 수퍼비전을 수행하기에 앞서 다문화 훈련이 필요하다.
③ 다문화 수퍼비전의 마지막 단계에서는 내담자, 수퍼바이지, 수퍼바이저, 기관에 대한 사회적 행동을 다루어야 한다.
④ 법적, 사회적으로 문제가 발생하지 않으면 다문화 주제는 다루지 않는다.
⑤ 내담자의 행동을 상담자들이 공유하는 문화의 기준으로 평가하지 않도록 돕는다.

정답 ④

해설 최근 다문화 상담이 증가하기 때문에 법적, 사회적으로 문제가 발생하지 않더라도 다문화 주제를 다루어야 한다.

13-13. 수퍼바이지의 효율적인 다문화 상담을 위해 수퍼바이저가 개발해야 하는 다문화적 유능성에 해당하지 않는 것은?

① 다문화 수퍼비전도 일반 수퍼비전과 다르지 않다는 확신
② 수퍼바이지와 내담자의 종교적 신념과 가치에 대한 존중
③ 수퍼바이지가 속한 문화와 내담자가 속한 문화가 일치하는 관계 기술의 활용
④ 다문화 집단에 대한 왜곡된 생각의 제거
⑤ 지역사회 내에서 다문화 집단과 상호관계 맺기

정답 ①

해설 다문화 수퍼비전을 하기 위해서는 다문화적 지식과 기술 역량을 갖추어야 하기 때문에 일반 수퍼비전과 차이가 있다.

12-30. 초보상담자 수퍼비전 시 수퍼바이저의 역할 중 옳지 않은 것은?

① 가벼운 문제를 가진 내담자를 배정하는 것이 좋다.
② 수퍼비전에 대한 구조화를 해주어야 한다.
③ 상담축어록이나 회기 보고서만 의존하지 말고 수련상담자의 상담활동을 관찰하는 것이 좋다.
④ 수퍼바이저에 대한 의존성이 나타나지 않도록 사전에 충분한 교육을 한다.
⑤ 수퍼비전 회기 중에 기본적인 상담개입기술을 모델링한다.

정답 ④

해설 초보상담자의 경우 수퍼바이저에 대한 의존하기 때문에 어느 정도의 의존성은 인정한다.

3 심리치료 이론 중심 수퍼비전 모델

1. 정신분석(심리역동) 수퍼비전 모델

🔵 수퍼비전 구조
- 스승-도제 모델 : 스승-분석가의 지식과 기술 전수를 강조하는 일방적 관계
- 치료적 개입에 대한 개념화는 수퍼바이저 → 수퍼바이지 → 내담자로 **단일방향으로 전달**
- 현대로 갈수록 양방향의 수퍼비전 관계에서 수퍼바이저, 수퍼바이지, 내담자 공동 작업 경험을 강조함
- 현대 심리역동 : 목표, 과제 동의 및 유대관계를 통한 협력적 작업동맹 강조
- 세 가지 활동으로 훈련 구조화: 교수학습활동, 개인분석, 수퍼비전

🔵 정신분석 수퍼비전 모델의 초점과 목표
- 정신분석 수퍼비전의 핵심적 초점 : 전이와 역전이, 병행과정
- 정신분석 수퍼비전의 최종목표 : 내면화

🔵 기본가정 및 이론적 가설
- **전이와 역전이 반응이 상담에 영향을 미침** ⇒ 역동적인 반응 인식과 안전한 환경에서 적응적 관계 패턴을 다룰 때 수퍼바이지는 내담자를 위한 최고의 치료를 제공함
① **전이** : 내담자가 자신의 유년기 패턴을 자기 치료자에게 투사하는 것 ⇒ 현대 심리역동이론은 전이를 치료자에 대한 내담자의 역동적 반응이라고 봄 ⇒ 치료적 맥락 외의 내담자의 관계 패턴을 투사한 것으로 봄
② **역전이** : 치료자가 내담자의 전이행동이나 자신의 유년기 관계양식에 대한 반작용으로서 내담자에게 자신의 패턴을 투사하는 것
③ **내면화** : 수퍼바이지에게 일어나는 적극적인 성장과정이며 심리역동 수퍼비전의 최종목표라고 함
④ **수퍼비전 과정** : 수퍼바이저를 모방함 → 정신역동 치료이론 과정에 대한 심층적인 이해를 함 → 자기만의 치료양식을 개발함

병행과정 모델(=병행과정=병렬과정=이형동질과정)
- 평행과정이란 <u>내담자가 상담자에게 자신을 드러내는 것처럼 수퍼바이지가 무의식적으로 수퍼바이저에게 자신을 드러내는</u> 현상이다.
- 수퍼바이저-수퍼바이지-내담자의 삼자관계는 평행과정의 기초가 된다.
- 평행과정을 통해 내담자의 갈등, 충동, 방어 등이 상담자에게 무의식적으로 의사소통되며, 수퍼바이지는 이 내용을 다시 수퍼바이저에게 무의식적으로 의사소통한다. 즉, 평행과정에서 상담자-내담자 관계와 수퍼바이저-수퍼바이지 관계의 역동성이 매우 비슷하게 발현된다.
- 평행과정을 통해 수퍼바이지의 전이와 역전이를 평가할 수 있다.
- 수퍼바이지의 미해결 문제가 평행과정을 통해 드러난다.
- 병행과정의 통로는 상담자이며, 평행과정은 일종의 성찰과정이다.

① 반영과정 : 수퍼바이지가 수퍼바이저와의 관계에서 내담자의 심리적인 역동성을 전달하기 위해 무의식적으로 내담자처럼 행동하는 과정이다. 수퍼바이지가 내담자에 대해 지각하고 있는 바를 언어적으로 표현할 수 없으면서 자신이 내담자와의 관계에서 경험하는 감정과 유사한 감정을 수퍼바이저가 느끼도록 무의식적으로 행동하게 된다.

② 평행의 재현 : 수퍼바이지-내담자 관계에서 수퍼바이지가 내담자의 저항으로 말미암아 궁지에 빠져 있을 때 수퍼바이지가 자신의 무능력감을 경험하면서 내담자와 동일시하게 될 수 있다.

③ 중다평행 : 반영과정이 하나 이상의 방향으로 작용할 때 중다평행 현상이 발생한다. 수퍼바이지가 내담자와의 관계에서 자신의 수퍼바이저가 자신에게 하는 것처럼 혹은 그 반대로 행동하면서 마치 자신이 수퍼바이저인것처럼 행동하는 경우가 중다평행이다.

보딘(Bordin)의 작업동맹모델의 3가지 구성요인
- 보딘(Bordin)은 작업동맹을 변화를 위한 협력으로 정의하며, 작업동맹의 세 가지 구성요인을 정서적 유대(결속)에 대한 합의, 목표에 대한 합의, 과업에 대한 합의라고 하였다.

① **유대(결속)** : 수퍼바이저와 수련생 사이의 정서적 유대감 및 신뢰로 상호간 애착유형에 의해 결정됨
  예) 서로에게 갖고 있는 호감, 돌봄과 같은 긍정적인 감정이 있는가?

② **목표에 대한 합의** : 수퍼비전에 대한 서로의 기대가 일치하도록 목표를 설정하고 이에 대한 타협과 조정
  예 수퍼비전에서 무엇을 기대하는지 목표에 대한 생각과 감정에 대해 서로 이해하고 동의하는가?
③ (목표에 도달하기 위한) **과업이나 활동에 대한 합의** : 수퍼비전 목표를 달성하기 위해 구체적으로 어떤 일을 해야 하는가에 대한 동의
  예 목표성취를 위해 서로에게 기대하는 역할과 구체적인 과업에 동의하는가?

보딘(Bordin)의 작업동맹에서의 유의사항
① 수퍼바이저는 수퍼비전 작업동맹과 상담 작업동맹을 동일시하지 않도록 주의해야 한다.
② 수퍼바이저는 수퍼바이지와 합의하여 수퍼비전의 목표를 설정한다.
③ 수퍼바이저는 수퍼바이지와 각자 수행해야 할 과업에 대해 서로 동의하고 공유한다.
④ 수퍼바이저의 수퍼바이지에 대한 부적절한 평가는 정서적 유대감 형성을 방해할 수 있다.
⑤ 작업동맹을 변화를 위한 협력으로 정의한다.

치료가 전개되는 과정
① 초기 : 치료에 적합한 평가기술 개발, 치료목표 설정, 치료적 관계 형성하도록 격려(역동적 사례 분석, 치료동맹의 형성, 치료의 틀 세우기, 치료 초기의 실수와 치료의 취소)
② 중간 : 전이와 역전이 사례가 나타나는 것에 대해 인식(깊이 고찰하는 치료자의 자세/분석 자료에서 드러난 표현, 숨겨진 표현, 연상, 꿈/내용과 과정/저항, 전이, 역전이/해석)
③ 최종 : 내담자와 종결 논의(언제부터 상담후기인지 결정하기/내담자에게 상담종결을 선언하기)

정신분석 수퍼비전 모델의 방법론과 기술
- 치료회기의 역전이 반응을 인식함
- 객관적 표현 방식으로 오디오/비디오/라이브 수퍼비전을 활용함
- **대인관계 과정회상(IPR)** : 수퍼바이저-수퍼바이지 상담회기 재검토를 통해 역전이를 탐색함
- 집단수퍼비전을 통해 탐색-퇴행-카타르시스-통찰-사회적 학습단계를 거치면 변화함

정신분석 수퍼바이저의 질문과 반응의 예

- 당신은 우리의 수퍼비전 작업과 당신의 내담자와의 관계에서 유사한 점이 보입니까?
- 당신은 내담자에게 매우 강한 정서적 반응을 갖고 있는 것 같습니다. 당신의 삶에서 이러한 감정을 경험한 적은 언제이고 누구에게서 입니까?
- 우리는 지금 당신이 수퍼바이저로서 나의 인정을 원한다는 점에 대해 이야기하고 있습니다. 당신은 내담자가 당신에게 찬성하지 않으면 내담자를 직면하기를 주저하는 것 같습니다.
- 병행과정 : 우리의 수퍼비전 작업과 당신의 상담 과정에서 유사한 점이 보입니까?
- 저항 : 내담자의 저항이 어떤 의미를 지니고 있는지 생각해 봅시다.
- 과거 중요한 사람에게서 느꼈던 적개심 : 당신은 내담자에게 강한 적개심을 가지고 있는 것 같아요. 당신의 삶에서 이러한 감정을 느꼈던 사람이 있다면 누구였나요?

정신분석 수퍼비전 모델의 장점

- 수퍼비전과 상담에서 이루어지는 대인역동을 인식하는 데 중점을 둔다.
- 수퍼비전 관계를 강조한다.
- 대인간 의사소통, 초점을 맞추기, 반응하기, 유추하기, 모델링 등 심리역동 수퍼비전 과정에서 일어나는 기술들이 상담의 기술이므로 유용하게 사용된다.
- 병행과정을 통한 내면화가 이루어진다.
- <u>수퍼비전 작업동맹에 대한 개념을 소개하였다.</u>
- 치료가 발생하는 조직구조 및 수퍼비전의 양자관계에서의 상호작용을 부각시키면서 상담과정에서 최초의 체계적 모델을 제공하였다.

수퍼바이지의 역전이 행동

- 멍하니 있는 표정
- 흥분되거나 낙담한 모습
- 침착하지 못함
- 지루해 보임
- 상담회기에 습관적으로 지각함
- 습관적으로 상담 시간을 초과함
- 과도한 자기노출

- 치료적인 상호작용 대신에 유쾌한 대화를 하듯 참여함
- 즉각적이고 끊임없는 대화로 어떤 침묵의 시간도 허락지 않음
- 매 수퍼비전에서 어떤 특정한 내담자에게 시간을 전적으로 할애함
- 어떤 특정한 내담자에 대한 토론을 종종 피하려고 함
- 내담자에 대해 논의할 때 기분에서 중대한 변화를 드러냄
- 내담자의 증상에 대해 적합한 설명을 하지 않고 보다 병리학적인 측면을 강조하여 묘사함

수퍼비전 과정에서 나타나는 수퍼바이지의 역전이
- 수퍼바이지의 역전이는 수퍼비전의 강력한 학습도구이다.
- 수퍼바이지가 강한 부정적 감정을 경험할 때 수퍼바이저의 역전이를 점검해야 한다.
- 수퍼비전에서의 역전이는 긍정적이거나 부정적인 형태로 나타난다.
- 수퍼바이지가 내담자에 대해 부정적이고 병리적인 측면을 강조해서 설명할 때 수련생의 역전이를 다뤄야 한다.
- 수퍼바이저가 수련생의 역전이를 부정적으로 다룰수록 수련생의 개방성은 낮아진다.

정신분석 수퍼비전 모델의 한계점 및 단점
- 경험적 증거가 부족함
- 문화적 이슈에 대한 초점이 부족함
- 대인기술을 가르치기 어려움
- 수퍼비전과 상담의 경계를 유지하기 어려움

기출 문제

17-17. 수퍼바이지가 직면하는 도전과제에 관한 설명으로 옳지 않은 것은?

① 자기회의와 두려움 다루기
② 내담자에게 인정받으려는 욕구 자각하기
③ 미해결 문제 확인하고 다루기
④ 문제해결자로서의 역할에 충실하기
⑤ 역전이 확인하기

정답 ④

해설 상담자는 내담자의 문제를 해결해주지 않고, 내담자 스스로 문제를 해결하도록 돕는자의 역할을 한다.

17-18. 삼자관계 체계로서의 수퍼비전에 관한 설명으로 옳지 않은 것은?

① 삼자관계의 주체는 내담자, 수퍼바이지, 수퍼바이저이다.
② 수퍼바이지는 내담자와 수퍼바이저 사이에서 통로역할을 한다.
③ 삼자관계는 병행과정과 이형동질(異形同質)과정의 기초가 된다.
④ 이형동질 개념은 전략적 가족상담가들이 사용한 개념이다.
⑤ 수퍼비전에 대한 수퍼비전에서는 병행과정이 나타나지 않는다.

정답 ⑤

해설 수퍼비전에 대한 수퍼비전에서도 병행과정이 나타난다.

17-23. 수퍼비전에서 다루는 역전이에 관한 설명으로 옳지 않은 것은?

① 수퍼비전과 심리치료의 경계는 모호할수록 좋다.
② 대인관계과정회상(IPR)법을 사용해서 수퍼바이지의 역전이 반응을 탐색할 수 있게 한다.
③ 수퍼바이지가 상담목표와 다른 방향의 상담을 진행할 때 역전이 문제를 다룰 수 있다.
④ 수퍼바이지를 과도하게 도와주고 싶거나 미워하는 마음은 수퍼바이저의 역전이다.
⑤ 역전이를 효과적으로 다루는 능력은 수퍼바이저의 필요한 역량이다.

정답 ①

해설 수퍼비전과 심리치료의 경계는 분명해야 한다.

16-06. 수퍼바이저의 역전이 행동을 모두 고른 것은?

> ㄱ. 소속기관에 대한 수퍼바이지의 저항을 독려
> ㄴ. 수퍼바이지의 과장된 기대를 구체적으로 다룸
> ㄷ. 수퍼바이지의 관심을 얻기 위해 다른 수퍼바이저와 경쟁함

① ㄱ   ② ㄱ, ㄴ
③ ㄱ, ㄷ   ④ ㄴ, ㄷ
⑤ ㄱ, ㄴ, ㄷ

정답 ③

해설 ㄴ. 수퍼바이저의 역전이란 수퍼바이저가 자신의 문제를 수퍼바이지에게 느끼는 것이다. 따라서 '수퍼바이저가 수퍼바이지에 대해 과장된 기대를 하는 자기 마음을 구체적으로 다루는 것'이 옳은 표현이다.

18-16. 정신분석 수퍼비전의 초기단계에서 수퍼바이저가 점검해야 할 항목으로 옳지 않은 것은?

① 내담자의 역동을 이해했는가
② 문제해결을 위한 작업동맹을 형성했는가
③ 상담의 목표와 전반적인 방향을 세웠는가
④ 사례의 중단(dropout) 가능성을 사전에 검토했는가
⑤ 내담자가 자신의 문제를 깊이 통찰할 수 있도록 이끌었는가

정답 ⑤

해설 "내담자가 자신의 문제를 깊이 통찰할 수 있도록 이끌었는가"는 중기단계에서 수퍼바이저가 점검해야 할 항목이다.

17-05. 다음은 수퍼바이지가 수퍼비전을 받은 뒤 작성한 후기이다. 이 수퍼바이지가 경험한 수퍼비전은 어떤 이론에 기반 한 것인가?

> 나는 엄마노릇하려는 경향이 강하다. 내담자를 연약하게 보고 무력한 존재로 느끼는 것은 내담자의 무력감에서 기인하는 것 보다는 상담사의 감정에서 기인하는 바가 크다.
> 내담자가 힘이 있음에도 불구하고 힘이 없다고 보고 싶은 것이다. 상대방의 감정에 대해서 지나치게 책임감을 느끼는 성향이 상담현장에서도 그대로 반영되었고 수퍼바이저의 모든 피드백을 수용해야만 하고 그 무게감에 눌려서 불안해지는 모습을 발견하였다.

① 정신분석 수퍼비전   ② 인간중심 수퍼비전
③ 체계적 모델 수퍼비전   ④ 구별모델 수퍼비전
⑤ 행동주의 수퍼비전

정답 ①

해설 수퍼바이지가 내담자에게 엄마노릇을 하려고 한다는 것은 상담자의 역전이이다.

15-11. 정신분석 수퍼비전에 관한 설명으로 옳은 것을 모두 고른 것은?

> 가. 전이와 저항을 다룬다.
> 나. 이면, 연상, 치료의 틀을 중시한다.
> 다. 내담자의 문제 뿐만 아니라 상담자의 문제를 수퍼비전의 중요한 주제로 다룬다.
> 라. 사례보고서에 내담자의 역동에 대한 이해, 자아강도, 내담자에 대한 상담자의 느낌 등을 기록한다.

① 가, 나
② 다, 라
③ 가, 나, 다
④ 나, 다, 라
⑤ 가, 나, 다, 라

정답 ⑤

해설 정신분석 수퍼비전에서는 내담자 역동에 대한 이해를 통해 내담자의 자아강도를 파악한다. 수퍼바이저는 수퍼바이지와 내담자의 (자유)연상, 저항, 전이를 분석할 뿐 아니라 수퍼바이지의 역전이 문제를 수퍼비전의 중요한 주제로 다룬다.

14-18. 수퍼비전에서의 역전이 현상에 관한 설명으로 옳은 것은?

① 수련생에 대한 내담자의 무의식적 동일시가 병행과정을 만든다.
② 내담자와 비슷한 사람의 경험을 지나치게 일반화하는 것은 수련생의 역전이 반응이다.
③ 수련생-내담자 관계에서의 상호객관성이 영향을 미친다.
④ 역전이를 자주 다룰수록 수련생의 개방성은 낮아진다.
⑤ 심리검사 수퍼비전에서는 잘 나타나지 않는다.

정답 ②

해설
① 수퍼비전에서의 역전이에서 수련생에 대한 수퍼바이저와의 무의식적 동일시가 병행과정을 만든다.
③ 수퍼비전에서의 역전이는 수련생-내담자 상호관계를 객관적으로 파악하는데 도움이 된다.
④ 수퍼비전에서의 역전이를 적절히 다루면 수련생의 개방성은 높아진다.
⑤ 수퍼비전에서의 역전이 현상은 심리검사 수퍼비전에서도 나타난다.

12-25. 수퍼바이저가 알아차려야 하는 수련상담자의 역전이 단서를 모두 고른 것은?

> 가. 수퍼비전 약속시간보다 일찍 도착한다.
> 나. 특정 내담자에 대한 토론을 피하려고 한다.
> 다. 상담이 지지부진한 이유에 대해 내담자를 탓한다.
> 라. 특정 내담자에 대해서 논의할 때 급격한 기분 변화를 보인다.

① 가, 나　　　　　　　　　② 가, 다
③ 가, 나, 다　　　　　　　④ 나, 다, 라
⑤ 가, 나, 다, 라

정답 ④

해설 가. 수퍼비전 약속시간보다 늦게 도착하는 것은 역전이 단서이다.

12-23. 평행 과정을 특히 중요하게 다루는 접근은?

① 정신역동적 접근　　　　② 행동적 접근
③ 인지행동적 접근　　　　④ 구성주의적 접근
⑤ 체제적 접근

정답 ①

해설 평행 과정을 특히 중요하게 다루는 접근은 심리역동적 접근이다.

15-04. 평행과정에 관한 설명으로 옳지 않은 것은?

① 평행과정의 개념은 정신역동적 수퍼비전에 뿌리를 두고 있다.
② 상담자가 수퍼비전 회기에서 내담자의 특성을 나타내는 하향식 현상이다.
③ 상담자-내담자 관계에 이해서 촉발될 수 있다.
④ 평행과정은 수퍼비전에 대한 수퍼비전에서도 나타날 수 있다.
⑤ 평행과정의 통로는 상담자이다.

정답 ②

해설 평행과정에서 수퍼바이지가 수퍼비전 회기에서 수퍼바이저에게 내담자의 특성을 나타내는 상향식 현상이다.

14-09. 정신분석적 수퍼비전에 관한 설명으로 옳지 않은 것은?

① 수퍼비전 자료의 기저에 있는 내담자와 수련생의 욕구, 기대, 미묘한 교류에 집중하여 진행한다.
② 수련생의 개인적인 문제에 대해서 언급하고 이를 수퍼비전의 주제로 삼는다.
③ 수련생은 자신보다는 내담자의 무의식에 관련된 정보공개를 불안해한다.
④ 수퍼비전의 초기, 중기, 후기에 따라 초점이 되는 주제가 다르다.
⑤ 수련생은 내담자의 자아강도 및 역동적 이해, 상담 회기를 마친 후 소감을 기술한다.

정답 ③

해설 수련생은 자신보다는 내담자의 무의식에 관련된 정보공개를 통해 수퍼바이저에게 수퍼비전 받고 싶어 한다.

12-15. 수퍼바이지에게 다음의 질문들을 하는 수퍼바이저의 이론적 접근은?

- 우리의 수퍼비전 관계가 당신과 내담자의 관계와 유사한 점이 있나요?
- 당신의 말을 잘 받아들이지 않을까봐 내담자를 직면시키기 주저하는 것 같은데, 어떤가요?
- 내담자의 저항이 어떤 의미인지 잠시 생각해볼까요?
- 내담자에게 강한 정서적 반응을 보이네요. 당신의 삶에서 이러한 감정을 경험한 적이 있는지 생각해보시겠어요?

① 경험주의적 접근 ② 인지행동적 접근
③ 정신분석적 접근 ④ 인간중심적 접근
⑤ 실존주의적 접근

정답 ③

해설 우리의 수퍼비전 관계가 당신과 내담자의 관계와 유사한 점이 있나요?와 같은 질문은 정신분석 수퍼비전의 평행과정에 대한 것이다.

15-03. 수퍼비전 시 상담수련생의 저항에 관한 설명으로 옳은 것은?

① 인지된 위협에 대한 상담수련생의 자연스러운 반응이다.
② 평행과정에서는 상담수련생의 저항행동이 나타나지 않는다.
③ 수퍼비전 자료를 여러 차례 가져오지 않는 것은 저항에 포함시키지 않는다.
④ 수퍼바이저의 can 개입은 must 개입보다 저항을 쉽게 불러일으킨다.
⑤ 상담수련생의 저항이 적을수록 수퍼비전 과정은 비효율적이다.

정답 ①

해설
② 평행과정에서는 상담수련생의 저항행동이 나타난다.
③ 수퍼비전 자료를 여러 차례 가져오지 않는 것은 저항에 포함시킨다.
④ 수퍼바이저의 must 개입은 can 개입보다 저항을 쉽게 불러일으킨다.
⑤ 상담수련생의 저항이 적을수록 수퍼비전 과정은 효율적이다.

2. 인지치료 수퍼비전 모델

▣ 수퍼비전 구조
- 수퍼비전 구조가 유연성이 있으며 수퍼바이지들의 다양한 요구에 부응할 수 있는 모델임
- 수퍼바이지의 인지의 사고와 결과에 더욱 초점을 맞춤
- 고적적 조건화와 조작적 조건화에 근거를 둔 행동치료에서 시작됨
- 개인의 정보처리 과정이 그들의 행동, 정서, 생리기능에 영향을 미친다고 가정함

▣ 기본개념들과 이론적 가설
- 사람들은 결과를 통해서 행동을 배우거나 지속한다.
- 수퍼비전 목적은 잘못된 인지와 행동을 소거하면서 적절한 상담행동을 신장, 수퍼바이지의 상담행동을 가르치고 평가하는 것이다.

▣ 수퍼비전 관계
- 수퍼비전 관계 안에서 인지와 행동을 탐색함
- 인지행동 수퍼비전은 진솔하고 따뜻하며 공감적이라고 평가함(Bernard)

▣ 주요 요소 : 수퍼비전 관계, 기술평가, 공동의 목표 설정
- 수퍼바이지와 과제에 대해 합의함
- 수퍼비전 관계를 통한 기술의 진보를 모니터링함

▣ 인지치료 수퍼비전 모델의 초점과 목표
- 초 점 : 교육적, 인간 관계적, 대인 관계적, 정서적 기술 중심적으로 내담자를 확실하게 돌보는 것과 수행에 초점을 둠
- 목 표 : 부적응 행동의 소거 및 수퍼바이지 행동을 교육함

▣ 엘리스와 벡의 인지치료 수퍼비전에서 일어나는 9단계(Liese & Beck, 1997)
① **체크인** : 안녕하세요 오늘은 어떠신가요? 인사한다.
② **안건수립** : 오늘은 어떤 작업을 하고 싶습니까?
③ **지난 수퍼비전 회기와 연결하기** : 지난 시간 당신은 무엇을 배웠습니까?

④ 지난 번에 수퍼비전을 받은 치료 사례에 관한 질문 : 지난 사례의 경과나 어려움
⑤ 지난 수퍼비전 회기 이후 과제 검토 : 관련 자료 읽기, 사례와 관련된 쓰기, 새로운 기법 시도해보기
⑥ 우선 사항 결정과 안건 항목 논의 : 교수와 역할극 이용 가능
⑦ 새로운 과제 주기
⑧ 수퍼바이저의 요지 요약 : 수퍼바이저가 요약
⑨ 수퍼바이지의 피드백 듣기 : 오늘은 무엇을 배웠습니까?

수퍼비전 방법과 기술
- 방법 : 수퍼바이저-치료자 계약, 협력, 수퍼바이저 권위가 있음
- 계약과정 : 훈련목표와 평가과정을 이해하고 동의함
- 협력방법 : 수퍼바이지와 협력하기 위한 방법(수퍼바이지 역량 육성, 다양한 관점 끌어내기, 다른 선택 제공하기, 전화를 통한 개입으로 대안적 접근 제공하기, 상호 피드백을 격려하기)
- 권위적 방법 : 전문성을 사용하여 가르치는 것의 중요성을 인식함. 전화 또는 직접적 정보제공. 모델링. 내담자가 위험에 처했을 때 위기자문
- 개방적 대화 : 수퍼바이지의 의견과 창의성을 존중함

인지치료 수퍼비전 기술과 개입: 인지적 모델 적용의 3단계(Kindsvatter)
① **사회화 단계** : 명료화와 수퍼비전 관계형성 단계
② **초점 맞추기** : 내담자 문제의 구체적인 증상에 초점, 자동적 사고와 중간신념을 밝힘
  → 소크라테스식 질문
③ **수정단계** : 핵심사건에 대한 분명한 이해와 서술을 한 후 작업이 일어나는 단계
  - 역할극, 모의실험을 적용함
  - 인지재구성 기술 적용(촉발사건, 사건에 대한 신념, 신념의 결과, 논박, 새로운 효과에 대해 사고함으로써 비합리적 사고를 논박하기) → 수퍼바이지의 인지와 연관된 불안을 소거시킴
  - 새로운 '시도'에 동의하는 것 보다 '실행하도록' 격려하는 것이 중요함

🔲 인지치료 수퍼비전의 장점과 한계점
- 장점 : 치료의 긍정적 효과에 주목을 받고 있는 점
- 한계점 : 맥락적 요인, 내담자 요인에 초점 맞추지 않고 잠재적 이슈에 대한 초점이 부족함

기출 문제

18-13. 다음 내용에 해당하는 수퍼비전의 이론적 접근은?

- 수퍼바이지 행동의 적합성 평가
- 상담기술 향상을 위한 과제 주기
- 수퍼비전 과정에서 학습이론의 원리 적용
- 수퍼바이저의 소크라테스식 문답법 사용

① 체계적 수퍼비전　　② 게슈탈트 수퍼비전
③ 구성주의적 수퍼비전　　④ 인지행동적 수퍼비전
⑤ 수용전념적 수퍼비전

정답 ④

해설 소크라테스식 문답법의 사용은 인지행동적 수퍼비전 이론이다.

13-07. 다음의 내용으로 수퍼비전을 수행하는 치료적 접근은?

- 인사하기
- 안건 수립하기
- 지난 수퍼비전 회기와 연결하기
- 우선사항 결정과 안건 항목 논의
- 새로운 과제 주기

① 현실치료　　② 행동치료
③ 체계적 치료　　④ 해결중심 치료
⑤ 인지행동 치료

정답 ⑤

해설 인지치료 수퍼비전에서 일어나는 9단계: 체크인 ☞ 안건수립 ☞ 지난 수퍼비전 회기와 연결하기 ☞ 지난 번에 수퍼비전을 받은 치료 사례에 관한 질문 ☞ 지난 수퍼비전 회기 이후 과제 검토 ☞ 우선 사항 결정과 안건 항목 논의 ☞ 새로운 과제 주기 ☞ 수퍼바이저의 요지요약 ☞ 수퍼바이지의 피드백 듣기

15-20. 다음이 설명하고 있는 가장 적합한 수퍼비전 이론은?

> • 수퍼비전의 목적은 상담자로서 적합한 행동을 가르치고 부적합한 행동을 제거하는 것이다.
> • 수퍼바이저와 상담수련생은 과제에 대해 합의할 뿐만 아니라 수퍼비전 관계를 통해 기술의 진전을 모니터링한다.
> • 기본적인 가정은 개인의 정보처리과정이 행동, 정서, 생리 기능에 영향을 미친다는 것이다.

① 인지행동적 수퍼비전 ② 인간중심적 수퍼비전
③ 체계적 수퍼비전 ④ 정신역동적 수퍼비전
⑤ 내러티브 수퍼비전

정답 ①

해설 개인의 정보처리과정이 행동, 정서, 생리 기능에 영향을 미치는 것은 인지행동 수퍼비전이다.

3. 행동주의 수퍼비전 모델

🔷 행동주의 수퍼비전의 가정

- 행동주의는 실험적인 접근을 강조한다.
- 행동은 특질이나 성격이 아니라 상황적인 것으로 본다.
- 행동은 과거와 현재 학습 경험의 자연스러운 결과이다.
- 행동은 학습 원리를 통해 변화하는 것으로 본다.
- 행동주의 수퍼비전은 개인 특수적 입장(person-specific)을 갖는다.
- 수퍼바이지의 욕구나 상황에 맞는 치료 전략과 엄격한 과학적 평가에 토대를 둔다.
- 수퍼바이지의 발달단계를 고려한다.
- 수퍼바이지의 행동 동기보다는 상담 중에 나타나는 수퍼바이지의 구체적인 행동에 더 많은 관심을 가진다.
- 행동은 관찰 가능한 개별 행동뿐만 아니라 수퍼바이지의 생각, 감정, 행위를 포함한다.

🔷 행동주의 수퍼바이저의 역할

- 수퍼바이저를 자문가로 본다.
- 목표설정자이다.
- 훈련을 전이시키는 **촉진자 역할**을 담당한다.
- 수퍼바이지에 대한 **모델의 역할**을 한다.
- 강화의 제공자이다.

🔷 행동주의 상담자들이 습득해야 하는 기술 목록 11가지

① 행동수정 모델에 대한 지식
② 평가와 목표를 세우는 능력
③ **윤리, 법과 철학에 익숙해지고 적용하기**
④ 행동 관찰 기술
⑤ 측정 기술
⑥ 설계 기술
⑦ 행동주의 절차 기술
⑧ 의사소통 기술
⑨ 행동수정 기술을 훈련시키고 자문하기
⑩ 행정 기술
⑪ 연구 기술

🟦 리네한이 제안한 3가지 행동영역의 치료 목표

① 인지적 기술
② 외현적 기술 : 절차적 기술, 대인관계임상적 기술, 행동적임상적 기술, 전문적 기술, 자기개발 개술
③ 생리적, 정서적 기술

🟦 브레들리와 굴드가 제안한 5단계 행동주의 수퍼비전 방법

① 수퍼비전 관계 확립
② 수퍼바이지의 기술에 대한 분석과 평가
③ 수퍼비전 목표 설정하기
④ 목표 달성을 위한 전략 수립과 실행
⑤ 학습에 대한 평가와 일반화

기출 문제

17-04. 행동주의 수퍼비전에 관한 설명으로 옳지 않은 것은?

① 수퍼바이지에게 무의식적 정신과정, 대상관계 등의 기술적 토대를 가르친다.
② 수퍼바이지에게 상담기술을 가르치는데 적용하는 기법들이 다양하다.
③ 수퍼바이지 개개인의 특수성을 고려하여 목표달성 여부를 평가한다.
④ 수퍼바이지의 수행능력에 대한 엄격한 평가를 수행한다.
⑤ 사용하는 기법들은 엄격한 과학적 방법으로 검증된 것들이다.

정답 ①

해설 수퍼바이지에게 무의식적 정신과정, 대상관계 등의 기술적 토대를 가르치는 것은 정신분석적 수퍼비전이다.

14-24. 행동주의 수퍼비전에 관한 설명으로 옳지 않은 것은?

① 수퍼비전에서 다루는 행동에는 수련생의 생각, 감정, 행위가 포함된다.
② 행동을 특질로 보지 않고, 상황적 용어로 정의한다.
③ 수련생의 바람직하지 않은 행동을 학습의 결과로 본다.
④ 수퍼바이지는 훈련을 전이시키는 촉진자 역할을 담당한다.
⑤ 수련생 개인의 목표보다 수퍼비전의 일반적 목표를 강조한다.

정답 ⑤

해설 수퍼비전의 일반적 목표보다 수련생 개인의 목표를 강조한다.

12-11. 행동주의 수퍼비전에 관한 설명으로 옳지 않은 것은?

① 수퍼바이저가 목표를 설정한다.
② 실험적 접근방법으로 수퍼비전한다.
③ 수퍼바이지의 행동을 상황적인 것으로 본다.
④ 수퍼바이지의 구체적 행동에 관심을 갖는다.
⑤ 내담자 문제 해결이 수퍼비전의 일차적 목표이다.

정답 ⑤

해설 내담자 문제행동을 긍정적으로 바꿀 수 있도록 상담자를 돕는 것이 행동주의 수퍼비전의 일차적 목표이다.

4. 인간중심 수퍼비전 모델

■ 자기보고서(self report)형식에서 녹음, 축어록을 처음 사용함

■ 허블, 던컨과 밀러의 내담자에게 변화가 생기게 하는 핵심요인 4가지
① 내담자의 동기유발, 내담자의 내적 및 외적 자원, 상담실 외적 요인 40%
② 치료자의 돌봄, 공감, 온정, 수용, 격려 등 치료 관계 요인 30%
③ 상담과 상담자에 대한 기대와 희망 요인 15%
④ 상담 이론과 기술 요인 15%

■ 인간중심 수퍼비전의 기준
- 수퍼바이지는 상담회기 중에 가능한 한 입을 다물어야 한다(지시적 상담자들은 비지시적 상담자들보다 6배 많은 단어를 사용하고 있다).
- 상담자는 질문하지 않는다. 단, 내담자가 하는 말이 무슨 뜻인지 이해하지 못했을 때 확인하기 위해서 질문한다.
- 심리치료는 내담자가 상담자에게 반응할 때보다는 상담자가 내담자에게 반응할 때 효과적이다.

■ 인간중심 수퍼비전의 가정
- 인간은 자신의 삶을 방향지을 수 있다는 가정에서 출발한다.
- 내담자는 치료자의 해석이나 지도 없이 삶의 문제를 효과적으로 해결할 수 있는 능력이 있다.

■ 인간중심 수퍼비전 목표
- 치료환경에서 안전과 신뢰의 분위기 제공한다.
- 내담자의 자기탐색을 위한 치료적 관계를 활용하여 성장의 장애물을 인식할 수 있도록 한다.
- 치료자의 태도와 개인적 특성, 내담자-치료자 관계의 질이 치료 성과의 결정요인이다.

🔷 수퍼비전에 대한 오리엔테이션(Patterson)
① 치료적 변화를 위한 필요조건은 공감적 이해, 존중, 진솔성이다.
② 지도와 평가 준거를 초기에 제시하고 수련자를 수퍼바이저가 평가한다.
③ 적극적 경청, 질문 금지, 상담자의 반응에서 내담자는 치유된다.
④ 내담자에게 녹음에 대해 동의를 받는다.
⑤ 수퍼비전을 준비(녹음테입 미리듣기)한다.
⑥ 동료 상담자와 녹음테입을 같이 경청하며 경험을 나눈다.

🔷 인간중심 수퍼비전의 기본적 구성 요소
① 무조건적 긍정적 배려
② 일치성
③ 진솔성

🔷 수퍼바이지에 대한 인간중심치료 수퍼바이저의 태도
- 수퍼바이지의 성장 동기, 자율성, 새로운 경험에 대한 신념을 믿어준다.
- 수퍼바이지를 동료로서 보는 비진단적 태도를 견지한다.
- 회기 녹음 테입의 건설적 사용으로 비처벌적 태도를 가지고 즉각적 피드백(feedback)을 제공한다.

🔷 인간중심적 수퍼바이저가 주로 사용하는 질문과 반응의 예
- 그 회기에서 당신이 내담자와 어떠했는지에 대해 좀 더 이야기를 듣고 싶습니다.
- 나는 당신이 자신의 내적지시를 좀 더 신뢰하기를 격려합니다.
- 당신은 정말 어떻게 앞으로 나아갈지 모르겠다고 이야기하고 있습니다만, 만약 당신이 알고 있다면 어떠한 행동을 취하겠습니까?
- 당신이 오늘 내담자와 함께한 경험에 대해 무엇이 중요하다고 알게 되었나요?
- 내담자의 세계에 대해 당신이 어느 정도 이해하고 있다고 느끼십니까?
- 오늘 회기에서 우리가 할 작업에 대해 당신의 기대는 무엇입니까?
- 당신은 내담자의 주관적 경험 세계에 대해 어느 정도 이해하고 있으신가요?
- 나는 당신이 자신의 내적 지시를 좀 더 신뢰하기를 바랍니다.

기출 문제

18-21. 내담자에게 초점을 둔 수퍼비전에 관한 설명으로 옳지 않은 것은?

① 수퍼바이지의 정서를 탐색하여 정서적 알아차림에 대한 이해를 돕는다.
② 사례보고서에서 나타난 상담과정과 개입전략에 초점을 맞춘다.
③ 수퍼바이저가 수퍼바이지에게 내담자 보호를 강조하고 적절한 상담을 제공하는 데 초점을 둔다.
④ 수퍼바이지가 내담자에게 효과적인 상담을 제공하는지가 수퍼비전의 초점이 된다.
⑤ 수퍼바이지가 준비한 축어록 등을 통해 내담자에 대한 사례개념화를 지도한다.

정답 ①

해설 정신분석 수퍼비전에 대한 설명이다.

17-06. 인간중심 수퍼비전에 관한 설명으로 옳지 않은 것은?

① 수퍼바이저는 수퍼바이지에게 경청하고 반응하되 질문은 최소화 한다.
② 수퍼비전 평가의 주체는 수퍼바이지이다.
③ 수퍼바이저와 수퍼바이지는 검증 가능한 목표를 구체적으로 미리 정해놓는다.
④ 수퍼비전 과정에서 수퍼바이지의 내담자에 대한 태도에 관심을 갖는다.
⑤ 수퍼바이지의 문제 진단 혹은 진단명 붙이기 등을 경계한다.

정답 ③

해설 행동주의 수퍼비전에서는 수퍼바이저와 수퍼바이지가 검증가능한 목표를 구체적으로 미리 정한다.

12-14. 인간중심 수퍼비전에 관한 설명으로 옳지 않은 것은?

① 수퍼비전의 주도권이 수퍼바이지에게 있다.
② 수퍼바이저와 수퍼바이지의 관계에 초점을 맞춘다.
③ 수퍼바이저의 역할은 본질적으로 상담자 역할과 같다.
④ 수련과정에서 인간중심 상담자로서의 수퍼바이저를 관찰할 수 있도록 한다.
⑤ 수퍼바이지가 상담에 필요한 기술들을 세련되게 사용하는 것을 중요하게 여긴다.

정답 ⑤

해설 인간중심 수퍼비전은 수퍼바이지의 상담기술 보다는 무조건적 존중과 공감적 이해, 진솔성과 같은 상담자의 태도를 중요하게 여긴다.

15-10. 인간중심 수퍼비전에 관한 설명으로 옳지 않은 것은?

① 상담수련생 스스로 자기 자신을 탐색하고 이해하도록 조력한다.
② 상담수련생이 성장할 동기를 가지고 있다는 점에 대해 신뢰한다.
③ 상담수련생의 자기실현경향성을 존중한다.
④ 수퍼바이저는 상담수련생에게 경청하고 질문은 최소화한다.
⑤ 수퍼비전 과정에서 상담수련생의 문제 진단과 진단명 붙이기와 같은 작업이 이루어진다.

정답 ⑤

해설 인간중심 수퍼비전에서는 상담수련생의 문제 진단과 진단명을 붙이지 않는다.

13-09. 각 사례에서 활용하고 있는 수퍼비전의 이론적 근거를 순서대로 바르게 짝지은 것은?

> 〈사례 1〉
> • 내담자에게 매우 강한 정서적 반응을 갖고 있는 것 같습니다. 당신의 삶에서 이러한 감정을 경험한 적은 언제이고 누구에게서 입니까?

> 〈사례 2〉
> • 오늘 내담자와 함께 한 경험에서 내담자에게 중요한 것이 무엇이라고 생각합니까?

① 게슈탈트 − 인간중심 ② 정신역동 − 게슈탈트
③ 게슈탈트 − 의미치료 ④ 인간중심 − 게슈탈트
⑤ 정신역동 − 인간중심

정답 ⑤

해설 사례1은 상담자가 내담자에게 느끼는 역전이를 질문한 것이고, 사례2는 상담자가 내담자와의 현상학적인 장에서 느낀 경험에 대한 질문이다.

5. 해결중심 수퍼비전 모델

- 구성주의 치료모델에서 출발하고 있으며, 구성주의 수퍼비전 모델이다.
- 내담자에게 있는 역량에 대한 감각을 구성하도록 한다.
- 구성주의 접근은 수퍼바이지의 강점을 강조하고 문제개선보다 성공에 초점을 둔다.
- 수퍼바이저는 교사라기보다 자문가이다.

해결중심 수퍼비전 구조

- <u>수퍼바이지의 강점과 성공경험에 초점을 맞춘다.</u>
- <u>수퍼바이지의 변화를 위해 긍정적인 치료적 경험을 함께 조성한다.</u>
- 수퍼바이지가 **자신이 잘하는 일을 식별하도록** 돕고, 기술을 갖추고 작업을 지속하도록 격려한다.
- 수퍼바이지를 자신에 대한 전문가로 보며, 문제에서 예외적인 것에 초점을 둔다.
- 수퍼바이지의 문제보다 가능성 있는 변화에 초점을 둔다.
- 수퍼바이지는 내담자들의 긍정적 변화를 위한 효과적인 방법을 찾도록 돕는다.

기본개념과 이론적 가설

① 통찰 재고하기
  - 문제의 근원을 명료화하기보다 문제의 해결책을 생성하도록 돕는다.
② 전문성 개념의 변화
  - 수퍼바이지가 자신이 하고 있는 긍정적 작업을 인지하도록 돕고 격려한다.
③ 변화
  - 작은 변화라도 가치가 있다고 본다.
  - 변화가 지속적으로 신속하게 일어난다고 가정한다.
④ 추상적 언어
  - **언어는 수퍼바이지 기술을 확장시키는 가장 중요한 부분이다.**
  - 언어의 변화를 통해 성공적이고 역량이 있는 가능성에 초점을 두기 시작한다.
  - 대화의 예 : 이에 관해서 당신은 무엇을 배우고 싶은가요? 우리가 어떻게 이 영역에서 당신의 기술을 발달시키거나 혹은 기술을 높일 수 있을까요?
⑤ 수퍼비전 관계 내에서의 지지와 긍정
  - 자문가 역할을 할 때 진심으로 칭찬하고 기술이 개선되도록 도움을 준다.
  - 가르치기보다 강점을 강조한다.
  - 지지적, 협력적 태도로 저항을 재구성하거나 방지하도록 한다.

🔹 해결중심 수퍼비전 모델의 초점과 목표
- 초점 : 치료자가 자신의 강점을 식별하고 내담자와의 상담에서 강점을 증진토록 함
- 목표 : 내담자의 결과를 향상시키기 위해 작업하면서 유능한 상담자의 발달을 촉진함

🔹 해결중심 수퍼비전 방법론과 기술
① 목표에 초점 맞추는 언어
② 기적질문
③ 척도질문
④ 예외질문

🔹 해결중심 수퍼비전 비판
- 강점 : 수퍼바이지 역량에 대한 인식 촉진함으로 수퍼바이지 불안감 감소에 도움. 수퍼바이지의 자기효능감 증진과 연결됨
- 한계점 : 표준화된 수퍼비전 형식을 사용하지 않음. 수퍼비전 과제와 목표에 대한 부조화로 인해 강력한 작업동맹을 발달시키는데 갈등을 일으킬 수 있음

6. 교류분석 수퍼비전 모델

에릭 번(Berne, 1961)의 게임
- 게임 : 개인이 보이는 일련의 행동의 이면에 숨겨진 동기가 있으며 특정한 목적을 지향한다.
- 수퍼비전 관계에서 불안, 수치심, 불편함 그리고 수퍼바이저와 수련생 간의 대인관계 갈등을 처리하는 과정에서 게임이 발생할 수 있다.

캐두신(Kadushin, 1968)의 게임
- 게임 : 수퍼바이저와 수련생 사이에서 반복되는 상호작용적 사건으로서 어느 한편에게 앙갚음 하는 것이다.
- 교류분석이론에서 게임이란 대인관계 속에서 반복되어지는 나쁜 습관이다.
- 캐두신(A. Kadushin)은 수퍼비전 관계에서도 이러한 게임이 일어난다고 한다.
- 수퍼바이저와 수퍼바이지의 관계에서 수퍼바이지의 부적절감(전이감정)이 게임을 유발하며, 게임의 결과로 수퍼비전 관계에서 권력과 통제가 증가하거나 갈등을 일으킬 수 있다고 한다.
- 수퍼바이지의 게임에는 통제와 권력불균형 등이 있는데 수퍼바이저는 이러한 게임을 피하기 위해 자기인식이 필요하다.
① 수퍼바이지의 부적절감이 게임을 유발하는 계기가 될 수 있다.
② 수퍼바이지의 게임에는 요구수준에 대한 통제, 관계 재정의, 권력불균형 감축, 상황통제가 있다.
③ 게임의 결과로 수퍼비전 관계에서 권력과 통제가 증가하거나 갈등을 일으키는 상호작용이 일시적으로 경감될 수 있다.
④ 수퍼바이저는 게임을 피하기 위해서 자기인식을 하고 분노, 적개심, 거절당할 위험 등을 감당할 수 있어야 한다.

캐두신(Kadushin, 1968)의 수퍼바이지 게임 4가지
① 요구수준에 대한 통제 : 기관에 대항하고 불평자를 부추긴다.
② 관계 재정의 : 친구 사이에는 평가하지 않는다고 하며 수평관계로 만든다.
③ 권력불균형 감축 : 수퍼바이저가 아는게 뭐요?
④ 상황통제 : 수퍼바이저가 시키는대로 했어요.

캐두신(Kadushin, 1968)의 수퍼바이저 게임 4가지

① 위협받는다고 느낄 때
② 자신의 역할이 불확실하고 불편하다고 느낄 때
③ 권위를 사용하기 망설여질 때
④ 수퍼바이지에게 적개심을 느낄 때

호손(Hawthorne, 1975)의 수퍼바이저 게임 2가지

① 책임 포기를 포함한 기권 게임
　예) "상담센터에서 허락하지 않을 거예요. 나는 진짜 좋은 사람이에요. 수퍼바이지의 질문에 질문으로 대답하기"
② 관계를 계속 차단시키며 수련생의 무력감을 조장하는 권력게임
　예) "내가 수퍼바이저라는 것을 명심하세요. 나는 당신이 상담을 잘 하도록 도와주려고 할 뿐이고 당신 혼자서는 못한다는 것을 알아요. 나는 당신이 그런 질문을 하는 진의를 모르겠어요"

캐두신(Kadushin, 1968)의 게임을 줄이는 방법

① 긍정적 피드백 제공하고, 건강한 자기효율성 발달을 권장한다.
② 수퍼바이지의 위험한 사고와 신념을 변화하게 하고, 애매함과 혼란을 공감한다.
③ 수퍼바이저가 자기인식을 하고 분노, 적개심, 거절당할 위험을 무릅쓴다.
④ 직접적 의사소통이 가능한 열린 관계를 가진다.
⑤ 게임거부, 해석, 직면의 문제를 다룬다.

기출 문제

16-04. 수퍼비전에서 발생하는 게임을 줄이기 위한 수퍼바이저의 노력으로 옳지 않은 것은?

① 게임을 유발한 수퍼바이지의 역동을 이해한다.
② 직접적인 의사소통이 가능한 열린 관계를 만든다.
③ 자신이 사용하는 권력게임, 기권게임 등을 자각한다.
④ 수퍼바이지가 경험하고 있는 애매모호함과 혼란을 공감한다.
⑤ 분노, 적개심, 거절당할 위험 등을 고려하여 수퍼바이지에게 긍정적인 피드백을 한다.

정답 ⑤

해설 분노, 적개심, 거절당할 위험 등을 고려하여 수퍼바이지에게 긍정적인 피드백을 하지 않는다.

7. 여성주의 수퍼비전 모델

◼ 여성주의 수퍼비전의 구조
- 수퍼바이지가 억압의 영향력을 이해하고 다양한 문화적 맥락 안에서 작업하는 기술 개발을 훈련하도록 한다.
- 여성주의 원칙을 따른다.
- 사회적 권력의 차이를 다룬다.
- 목표는 불평등과 사회문화적 요인을 지적하고 내담자가 자기 목소리를 찾도록 도와준다.
- 수퍼비전 관계에서 권력에 관한 이슈 분석을 위해 협력하는 과정이라는 합의를 한다.

◼ 여성주의 수퍼비전의 기본개념과 이론적 가설
① 협력관계 : 협력적 수퍼비전 관계 강조함
② 권력분석 : 수퍼바이저(상담자)와 수퍼바이지(내담자) 사이의 권력 불균형을 다룸
③ 다양성과 사회적 맥락 : 사회문화적 요인의 억압과 불평등을 인식함
④ 수퍼바이지의 역량강화를 위해 모델링을 사용함
⑤ 여성주의치료 이론과 관점을 도입함

◼ 여성주의 치료의 원리
① 개인은 정치적이다.
② 상담관계는 평등하다.
③ 여성의 경험은 존중받아야 한다.
④ 심리적 고통과 정신질환의 정의는 재구성되어야 한다.
⑤ 억압은 이해되고 도전되어야 한다.

◼ 여성주의 수퍼비전 비판
- 강점 : 다양성과 억압에 대한 분석이 있음. 사회문화적인 요인이 치료에 어떻게 영향을 미치는지에 대한 지식을 확장 시키고 임상작업에서 사회적 맥락을 통합하게 하는 기회를 제공함
- 한계점 : 수퍼비전에서 구체적인 기술을 수행하는 지침의 불명확함

4 수퍼바이지 발달모델

■ **수퍼비전 모델이란?**
- 수퍼비전이 무엇이며, 어떻게 수퍼바이지의 학습과 전문적 발달이 일어나는가에 대한 이론적 기술이다.

■ **수퍼비전 발달모델은?**
- 수퍼비전을 하나의 발달과정으로 본다.
- 수퍼바이지 발달 단계에서 나타나는 특성과 기술을 정의한다.
- 수퍼비전 방식은 수퍼바이지가 전문적으로 발달하고 성장함에 따라 자신감과 상담 기술 수준에 적합하도록 조정된다.

■ **발달적 수퍼비전 모델의 기본 가정**
① 플레밍(Fleming)은 상담자가 경험수준에 따라 모방학습, 교정학습, 창의적인 학습을 한다고 보았다. 플레밍의 모델은 상담자의 학습방법을 수퍼바이저의 지도방법과 연관시켜 제안했다는 점에서 <u>고전적 상담자 발달이론</u>이라고 볼 수 있다. → 플레밍의 교육적인 제안은 정신역동 상담 분야에 영향을 줌
② <u>수준(level)이라는 용어를 사용</u>하여 발달단계에 대한 설명을 처음 시도한 사람은 <u>호건</u>(Hogan)이다.
③ 발달적 수퍼비전 모델은 <u>가장 영향력 있는 모델</u>이며 국내에서 가장 큰 영향을 미친다.
④ 발달적 수퍼비전 모델은 <u>호건</u>이 처음 제시하였고, <u>로건빌</u>과 그의 동료들 그리고 <u>스톨텐베르그</u>에 의해 발전되었다.

■ **수퍼바이저 발달 모델**
① <u>헤스(Hess)의 수퍼바이저 발달 3단계</u>
- 수퍼바이저 정체성의 초기, 탐색, 확립
② <u>로덴하우저(Rodenhouser)의 수퍼바이저 발달 4단계</u>
- 무의식적 동일시(수퍼바이저가 자신의 수퍼비전 경험을 기반으로 하여 자신의 양식을 무의식적으로 정형화 함)
- 개념화(수퍼바이저가 수퍼비전에 대한 개인적인 개념을 발달시키기 시작함)
- 협력(수퍼비전이 관계라는 것을 이해함)
- 일관성 있고 실행 가능하며 교훈적인 모델로 지식을 통합함

③ 왓킨스(Watkins)의 수퍼바이저 복합 모델
   - 역할충격, 역할회복/전환, 역할통합, 역할숙련
④ 왓킨스(Watkins)의 수퍼바이저가 직면하는 이슈
   - 유능함 vs 무능함, 자율성 vs 의존성, 정체성 확립 vs 정체성 혼돈, 자기 인식 vs 인식하지 못함
⑤ 리트렐(Littrell)의 수퍼바이저 발달 4단계
   - 수퍼바이저는 수퍼비전 목표 설정을 촉진하기 위해 수퍼비전 역할을 활용함
   - 수퍼바이저는 수퍼비전 회기를 구조화하고 다루는데 있어 보다 적극적인 역할을 하고 책임감을 가짐(**교사와 상담자역할**)
   - 수퍼바이지에게 자기평가를 하도록 격려하며 회기를 구조화하는 책임을 수퍼바이지에게 넘김(**자문가 역할**)
   - 수퍼바이지가 수퍼비전을 독립적으로 수행함

🔷 이론가에 따른 수퍼바이저 발달 요인

Alonso 모델	• 자아와 정체성 • 수퍼바이저와 상담자 관계 • 수퍼바이저와 행정적 구조와의 관계
Hess 모델	• 정체성 • 자신감 • 유능성
Rodenhauser 모델	• 정체성 • 수퍼바이저의 역량
Stoltenberg, Delworth, McNeill 통합적 발달 모델	• 자기자각-타인자각 • 동기 • 자율성 • 전문적 기술
Watkins 수퍼바이저 복합성 모델	• 유능함 vs 무능함 • 자율성 vs 의존성 • 정체성 vs 정체성 혼란 • 자기인식 vs 무지

출처: 장세미, 장성숙(2016). 상담 수퍼바이저 교육과 훈련 요소 연구. 한국콘텐츠학회, 16(4).

1. Hogan호건 모형(1~4수준의 상담자)

- 수퍼비전의 목적은 수퍼바이저가 상담자로 하여금 습득한 기술을 기초로 내담자와 자신에 대한 통찰력을 키우며 보다 **독립적인 상담자가 되도록 도와주는 것**이다.
- 상담자의 역할은 **학생에서 동료**로, 수퍼바이저의 역할은 **전문가에서 자문가**로 전환된다.
① **1수준 상담자**: 수퍼바이저에게 의존. 불안, 의존, 상담자가 되려는 자기행동에 대한 통찰 결여. 상담에 동기화 되어 있고 한 가지 방법에 의존. 수퍼바이저 모방을 통해 학습하므로 수퍼비전 방법은 교수법, 해석, 지지, 알아차리기 훈련
② **2수준 상담자**: 의존-자율간의 갈등을 겪으며 자신의 적응을 찾으려 시도함. 지나친 자신감과 압도당하는 느낌이 교체함. 상담동기도 동요가 심하므로 개인상담 받을 것을 권유함. 지지, 예시화, 양가감정의 명료화
③ **3수준 상담자**: 수퍼바이저에게 조건적으로 의존. 전문가로서 자신감이 고양. 일에 대한 안정적 동기. 깊은 통찰력. 수퍼바이저와 동료적인 관계. 개인적으로 직면해야 할 것을 나누고 직면
④ **4수준 상담자**: 숙련된 대선배 상담자 수준. 개인적 자율감. 풍부한. 통찰. 개인적 안정감. 안정된 동기. 개인적이고 전문적인 문제를 직면할 필요성을 느낌.

2. 로건빌, 하디와 델워스(Longanbill, Hardy & Delworth) 모형

- **상담자의 3가지 인지과정**(세상을 보는 관점, 상담자 자신을 보는 관점, 수퍼바이저를 보는 관점)을 제시하고 있다.
- 상담자가 되는 과정에 필요한 **8가지 주제**(상담기술 숙련도, 정서자각, 자율성, 정체성, 개인차이 존중, 상담목표, 동기, 전문적 윤리)를 제시하고 있다.
- 상담자로서의 성장 3단계를 제시하고 있다.
 ① **정체기** : 상담자 자각의 부족, 특정 영역에서의 발달 부족, 이분법적 사고, 상담의 집중도와 흥미 부족
 ② **혼돈기** : 불안정, 혼란, 동요, 갈등
 ③ **통합기** : 융통성이 증가. 새로운 방식으로 이해, 개인적인 안정감

3. 스톨텐베르그, 맥닐과 델워스(Stoltenberg, Mcneill & Delworth)의 통합적 발달모델(IDM)

🔹 **통합적 발달모델**(Integrative Developmental Model: IDM)은 가장 포괄적인 수퍼비전 모델이다.

🔹 **상담수련생 발달 4단계(상담자 복합 모델: Counselor Complexity Model)**
① 의존단계
② 의존-자율 갈등단계
③ 조건적인 의존단계
④ 대선배 상담자 단계

🔹 **전문가로서의 성장을 평가하는 세가지 측면**
① 동기: 수퍼바이지가 임상적 훈련과 실제에 쏟는 관심, 투자, 노력
② 자율성: 수퍼바이지로부터 독립한 정도
③ 자신-타인 인식: 자신과 내담자에 대한 자기인식의 정도(자기와 타인에 대한 알아차림)

🔹 **훈련 중인 상담자의 발달 단계**
① (초급상담자)수준 1 : [높은 동기, 낮은 자율성, 높은 자기인식] 입문 단계. 상담에 동기가 높음. 자신감과 기술 부족. 자기자신에 대한 초점. 상담에 대한 평가의 두려움. 수퍼바이저의 더 많은 구조화와 방향 제시를 필요로 하고 수퍼바이저에게 의존함.
② (중급상담자)수준 2 : [불안정한 동기, 의존과 자율사이의 갈등, 높은 타인 인식] 수준에 맞는 상담에 대해 자신감을 가지고 능력과 의사결정과정에 믿음을 가짐. 어려운 상담에 대한 불안과 상담에 대한 불안정한 동기가 동시에 존재함. 자기 자신에게로의 관심이 내담자에게로 관심이 전환됨. 상담에서의 공감 능력이 향상됨. 수퍼바이저에게 의존성-자율성의 갈등을 경험
③ (고급상담자)수준 3 : [안정된 동기, 높은 자율성, 높은 자기-타인 인식] 상담에서의 자신감 상승. 비형식적이고 동료적인 수퍼비전. 수퍼바이저는 자문가로서의 역할. 치료적인 자기(Self)를 개입의 일부로 사용, 개별화된 접근 개발
④ 수준 3i : 임상 영역에서 단계의 특징을 통합

🟦 수퍼바이지 발달 수준에 따른 수퍼바이저의 역할

① **(초급상담자)수준1** : [<u>수퍼비전 구조와 방향을 제시함</u>] 수퍼바이지의 불안을 다루는 구조를 제공함. 수퍼바이지가 평가에 대한 불안이 높으므로 지지적, 지시적, 긍정적 피드백을 제공함. 이때 직면은 주의해서 사용함. 기본적인 상담기술 발달에 초점을 맞춤. 수퍼비전은 비디오를 통한 관찰, 직접적 관찰, 기술훈련, 역할극, 독서와 교육, 개인 수퍼비전과 집단 수퍼비전 동시 가능

② **(중급상담자)수준2** : [**치료자로서 어떤 영향을 미치고 있는지 평가함**] 수퍼바이지의 자율성을 키우고 의존과 독립의 균형을 잡기. 수퍼비전 개입은 촉진적이어야 하고 지시적인 개입은 줄이면서 직면에 더 집중함. 내담자 문제에 대해 대안적 개념화를 하도록 격려함. 병행과정을 해석해 줌. 수퍼비전은 역할극과 관찰. 사례개념화 능력 향상.

③ **(고급상담자)수준3** : [**자문가의 역할을 제시함. 알아차림의 증가**] 병행과정과 역전이를 탐색함. 상담자 자신의 내담자에 대한 영향력 탐색함. 자기(self)의 사용을 촉진시킴. 직면기술 활용. 자기(self)수퍼비전. 동료수퍼비전

🟦 스톨텐베르그(Stoltenberg) 등의 상담자 통합모형에서 **8가지 발달수준의 평가를 위한 임상 영역(발달수준 평가 지침)**

① **개입기술능력** : 상담과정기술(자신감). 심리치료를 제공하기 위한 이론적 지향을 활용하는 역량
② **평가 기술** : 진단기술(심리검사) 심리학적 평가도구를 활용하는 기술
③ **상호작용 평가(대인 평가)** : 대인관계적 진단(내담자의 역동을 개념화할 때 상담자 스스로를 사용하는 기술), 대인관계 평가, 내담자의 대인관계적 역동의 개념화에 자신을 포함하는 것
④ **내담자 사례개념화** : 진단, 사례개념화
⑤ **개인차 이해** : 민족, 인종, 문화 및 다른 개인적 차이들과의 관련성
⑥ **이론적 성향(접근)** : 성격과 상담에 대한 이론적 모델
⑦ **치료계획과 목표** : 치료목표와 계획, 개입의 순서와 주제를 포함하는 상담의 조직
⑧ **전문가적 윤리** : 직업적 윤리, 개인적 윤리와 전문가 윤리의 통합

수퍼비전 개입의 5가지 범주

① **촉진적 개입** : 모든 발달단계의 수퍼바이지에게 필요하며, 수퍼바이지를 지지하고, 발달을 격려함. 초급 수퍼바이지에게 적절한 상담기술을 보이고, 상담과정을 잘 운영하거나 효과적으로 수행한 것에 대해 칭찬하고 강화하거나, 상담 과정에 대한 혼란과 불안에 대한 따뜻함, 존중, 애정어린 돌봄과 배려를 전달하는 것
② **직면적 개입** : 중급 수퍼바이지에게 필요하며 상담에 대한 수련생의 행동, 신념 또는 감정의 불일치와 모순을 직면하는 것
③ **개념적 개입** : 사례개념화를 통해 상담이론과 실제에 관한 통합을 도와주는 것
④ 처방적 개입 : 초급 수퍼바이지에게 필요하며, 수퍼바이지에게 치료목표와 상담개입 및 기술을 처방해주는 것
⑤ 승화적 개입 : 고급 수퍼바이지가 정체되었을 때 필요하며, 수퍼바이지가 인식하지 못한 자신의 문제를 수퍼비전에서 거론할 수 있도록 도와주는 것.

발달 단계에 따른 수퍼비전 개입 방법

- 1단계에서는 추가적으로 처방적 개입과 개념적 개입이 유용하다.
- 1단계 후반부에서는 승화적 개입이 적용될 수도 있다.
- 2단계에서는 촉진적 개입에 덧붙여 직면적, 개념적, 승화적 개입이 정기적으로 사용된다.
- 3단계에서도 촉진적 개입은 여전히 중요하다.
- 직면적 개입은 때때로 사용되고 개념적, 승화적 개입이 유용하다.
- 촉진적 개입은 모든 수준에서 적당하다.

수퍼비전의 주제

- 전문적 능력
- 자율성
- 개인차의 존중
- 개인적 동기
- 정서적 자각
- 정체감
- 목적과 방향
- 전문적 윤리

■ 통합적 발달모델의 장점
① 상담자 발달수준을 설명하는데 상담자의 심리적 요인과 상담자가 내담자와 의사소통할 때 필요한 능력이나 치료능력을 접합시켰다.
② 상담자 발달단계를 설명하는데 있어 상담자 성숙에 따른 심리적 특징과 상담에 필요한 전문적인 기술들을 연결시켜 서술하였다.

■ 통합적 발달모델의 한계
① 개인상담과 개인수퍼비전의 맥락에서 나타나는 상담자 특징과 변화에만 초점을 두고 있다.
② 상담자의 개인적 특성이 전문성 발달에 고려되지 않았다.
③ 개인차가 전혀 고려되지 않았다.
④ 상담자의 발달을 대학원 과정의 공식적인 훈련 과정에만 국한해 설명한다.

기출 문제

13-27. 수퍼바이지의 발달 수준에 따른 수퍼비전 개입으로 옳은 것은?

① 초급 – 직면적 개입을 주로 사용하기
② 초급 – 상담기술을 통합하도록 지도하기
③ 중급 – 수퍼바이지의 자율성과 자신감 키우기
④ 중급 – 수퍼바이지의 불안과 기대를 다루기
⑤ 고급 – 수퍼비전 구조화를 명확하게 하기

정답 ③

해설 ① 중급 – 직면적 개입을 주로 사용하기
② 고급 – 상담기술을 통합하도록 지도하기
④ 초급 – 수퍼바이지의 불안과 기대를 다루기
⑤ 초급 – 수퍼비전 구조화를 명확하게 하기

15-16. 상담자 발달 수준을 고려할 때, 초급상담수련생에 관한 설명으로 옳은 것을 모두 고른 것은?

> 가. 불안과 막연함을 경험하며 지지적이고 수용적인 분위기를 기대한다.
> 나. 수퍼바이저의 피드백을 무조건적으로 수용하는 경우가 많다.
> 다. 평행과정을 인식하고 수퍼비전에서 이를 다루기를 기대한다.

① 가 ② 나
③ 가, 나 ④ 나, 다
⑤ 가, 나, 다

정답 ③

해설 다. 평행과정을 인식하고 수퍼비전에서 이를 다루기를 기대한다(고급).

13-25. 초보 수퍼바이지의 불안을 최소화하기 위해 수퍼바이저가 사용할 수 있는 전략을 모두 고른 것은?

> 가. 불안에 도전하도록 직면
> 나. 수퍼바이지의 불안 – 기피 행동을 묵인
> 다. 수퍼비전에 대한 구조를 제공
> 라. 수퍼바이지의 역할과 기대에 대한 교육

① 가, 나 ② 다, 라
③ 가, 다, 라 ④ 나, 다, 라
⑤ 가, 나, 다, 라

정답 ②

해설 불안에 대한 직면은 주의해서 사용하고, 수퍼바이지의 불안-기피 행동을 묵인하는 것이 아니라 불안을 다루는 구조를 제공하거나 지지적이고 긍정적인 피드백을 제공하거나 상담기술 발달에 초점을 맞춘다.

15-09. 상담자 발달수준을 고려할 때, 고급상담수련생 수퍼비전에 관한 설명으로 옳지 않은 것은?

① 문화적 배경이 다른 내담자와 상담하도록 독려하는 것은 고급상담수련생이 균형 있게 성장하도록 돕는다.
② 지속적으로 수퍼비전을 받는 것은 고급상담수련생이 상담에 대한 지식과 기술을 통합하는 기회가 된다.
③ 고급 수준에 도달하지 못한 영역이라 할지라도 상담진행에 대한 상담자의 자율성을 보장해야 한다.
④ 직면적 개입을 적절히 활용할 필요가 있다.
⑤ 고급상담수련생은 수퍼바이저가 숙련된 상담자일 때 효과적인 도움을 받을 수 있다.

정답 ③

해설 고급 수준에 도달하지 못한 영역은 상담자의 자율성을 보장하지 않고 수퍼비전을 통해 다루어야 한다.

18-24. 고급(숙련된) 상담자의 발달적 특징에 관한 설명으로 옳은 것은?

① 자신과 타인에 대한 알아차림이 부족하다.
② 가이드라인이 제공되는 구조화된 수퍼비전을 선호한다.
③ 수퍼바이저에게 많이 의존하며 자율성이 낮다.
④ 구체적인 상담 진행 기술을 수퍼바이저에게 배우고자 한다.
⑤ 다양한 상담 전략에 대한 장점과 제한점을 알고 있다.

정답 ⑤

해설 나머지는 모두 초급에 대한 설명이다.

12-03. 스톨튼버그의 상담자 통합 발달모형에 관한 설명으로 옳은 것은?

① 상담자 발달을 인생 전체에 걸쳐 개념화하였다.
② 상담자를 면접한 자료에 근거한 경험적 모델이다.
③ 초기 이론에서는 8단계로 구분하여 발달을 설명하였다.
④ 상담과정 기술 등 8가지 상담활동 차원으로 발달을 기술하였다.
⑤ 수퍼비전이 상담자 발달을 촉진시키는 구체적인 과정을 간과하였다.

정답 ④

해설 나머지는 모두 스코브홀트와 로네스타드의 이론이다.

13-03. 에이첸필드와 스톨튼버그의 연구에 의하면 수퍼비전을 실시할 때 가장 다루기 어려운 유형의 수퍼바이지는?

① 상담경험이 부족하고 수퍼비전 경험도 부족한 유형
② 상담경험이 풍부하고 수퍼비전 경험이 부족한 유형
③ 상담경험이 부족하고 수퍼비전 경험이 풍부한 유형
④ 상담경험이 풍부하고 수퍼비전 경험도 풍부한 유형
⑤ 상담경험에 상관없이 수퍼비전에 호의적인 유형

정답 ②

해설 상담경험이 많고 수퍼비전 경험이 부족한 유형은 자신만의 상담방법에 고착되어 있어 수퍼비전을 할 때 수퍼바이저의 의견을 받아들이기 어려워한다.

14-17. 통합적 발달 모델에서 수련생이 2수준에서 3수준으로 발달하도록 돕는 수퍼바이저의 행동이 아닌 것은?

① 구조화 정도를 높인다.
② 동기가 안정화되도록 격려한다.
③ 전문가로서의 정체감을 형성하도록 돕는다.
④ 개인적 경험의 영향을 평가하도록 격려한다.
⑤ 개념을 유연하게 적용하도록 돕는다.

> 정답 ①
>
> 해설 수준 1의 입문 단계에서 수퍼바이지는 상담에 대한 자신감과 기술이 부족하므로 수퍼바이저의 더 많은 구조화와 방향 제시를 필요로 한다.

16-03. 통합적 발달모델(Integrated Developmental Model)은 상담자 발달단계를 설명하는데 수준 3에 해당하는 설명으로 옳은 것은?

① 동기와 불안 둘 다 높고 기술에 관심이 많다.
② 자율성과 의존성 사이의 갈등을 경험한다.
③ 상담에서 '자기' 사용과 이해에 초점을 맞춘다.
④ 수퍼바이저에 의존적이며 긍정적 피드백을 요구한다.
⑤ 자신감이 있다가 다른 순간에는 자신감을 잃으며, 상담활동에 대한 동기가 동요된다.

> 정답 ③
>
> 해설 ① 수준 1(초급): 동기와 불안 둘 다 높고 기술에 관심이 많다.
> ② 수준 2(중급): 자율성과 의존성 사이의 갈등을 경험한다.
> ④ 수준 1(초급): 수퍼바이저에 의존적이며 긍정적 피드백을 요구한다.
> ⑤ 수준 2(중급): 자신감이 있다가 다른 순간에는 자신감을 잃으며, 상담활동에 대한 동기가 동요된다.

17-07. 수퍼바이저의 개입에 관한 설명으로 옳은 것은?
① 초급상담자에게 직면적 개입을 많이 사용하여 좋은 상담자로 성장하게 한다.
② 초급상담자에게 승화적 개입을 많이 사용하는 것은 적절하지 않다.
③ 초급상담자는 다른 발달단계 상담자보다 강한 저항을 보이므로 촉진적인 자세로 대응해야 한다.
④ 초급상담자에 대한 개념적 개입으로 내담자 문제의 개념화, 상담목표와 계획, 상담개입기술을 알려준다.
⑤ 고급상담자를 위한 수퍼비전도 수퍼바이저가 주도한다.

정답 ②

해설
① 중급상담자에게 직면적 개입을 많이 사용하여 좋은 상담자로 성장하게 한다.
③ 중급상담자는 다른 발달단계 상담자보다 강한 저항을 보이므로 촉진적인 자세로 대응해야 한다.
④ 초급상담자에 대한 개념적 개입은 사례개념화를 통해 상담이론과 실제에 관한 통합을 도와주는 것이다
⑤ 고급상담자를 위한 수퍼비전은 수퍼바이지와 수퍼바이저가 함께 진행한다.

17-20. 승화적 개입에 관한 설명으로 옳은 것을 모두 고른 것은?

> 가. 상담자가 스스로 알아차리지 못하는 부분에 대해 도전하는 것이다.
> 나. 녹화나 녹음파일을 사용하는 것이 효과적이다.
> 다. 상담이론과 실제에 대한 통합을 도와주는 개입이다.
> 라. 고급 상담자의 상담수행이 효과적이지 못할 때 사용한다.

① 가, 나   ② 나, 라   ③ 가, 나, 라
④ 가, 다, 라   ⑤ 가, 나, 다, 라

정답 ③

해설 다. 상담이론과 실제에 대한 통합을 도와주는 개입은 개념적 개입이다.

18-10. 고급(숙련된) 상담자에 대한 수퍼비전 개입에 관한 설명으로 옳은 것을 모두 고른 것은?

> ㄱ. 익숙하지 않은 상담주제에 대해서는 처방적 개입을 사용할 수 있다.
> ㄴ. 현재 생활의 스트레스로 상담이 효과적이지 않을 때 승화적 개입(catharsis intervention)을 할 수 있다.
> ㄷ. 내담자의 욕구보다 자신의 욕구가 앞서 있는 것을 인식하지 못할 때 개념적 개입이 적절하다.
> ㄹ. 초급 상담자에 비해 고급 상담자의 치료적 자아(therapeutic ego)를 보호하려는 노력을 덜 해도 된다.

① ㄱ, ㄷ
② ㄴ, ㄹ
③ ㄱ, ㄴ, ㄷ
④ ㄱ, ㄴ, ㄹ
⑤ ㄱ, ㄴ, ㄷ, ㄹ

정답 ④

해설 ㄷ. 내담자의 욕구보다 자신의 욕구가 앞서 있는 것을 인식하지 못할 때 승화적 개입이 적절하다.

14-21. 다음에서 수퍼바이저가 사용한 전략은?

> 수퍼바이저: 이 내담자는 어떤 문제로 상담을 받게 되었나요?
> 수련생: 내담자는 중학교 2학년 남학생인데요, 학교에서 친구들이 자기를 무시한다는 생각이 자꾸 들면서 집에 와서 그 생각만 하면 화가 나서 공부도 할 수 없고, 차라리 학교를 그만 두겠다고 하면서 상담을 신청하게 되었습니다.
> 수퍼바이저: 내담자가 어떻게 친구의 무시에서 학교 중단까지 이르게 되었다고 생각하세요?
> 수련생: 글쎄요. 내담자는 친구들의 무시를 매우 심각하게 생각했고, 이에 대해 어떻게 대응해야 되는지 잘 몰랐다고 생각돼요. 그래서 혼자 끙끙거리며 감정을 키웠던 것이죠.
> 수퍼바이저: 내담자는 그동안 어떻게 대응해 왔나요?

① 사례개념화 조력
② 변화개입의 재구성
③ 선호하는 상담이론 탐색
④ 수련생과 내담자의 경계문제 해결
⑤ 내담자 이해를 위한 수련생의 감정 탐색

정답 ①

해설 사례개념화에 대한 내용이다.

4. Skovholt & Ronnestad(스코브홀트와 로네스타드) : 전생애 발달모델

- 대학원 1년차 수련생 ~ 경력 40년차까지 100명의 면접을 통한 질적연구를 통해 상담자는 전생애에 걸쳐 발달한다고 밝혔다.
- 상담자는 6가지 발달단계를 거치며 14가지 상담자의 발달 주제가 있다.
- 전생애 발달모델의 적용 : 수퍼바이저가 수퍼바이지들이 경험하게 되는 발달 과정을 이해하는데 도움을 준다.

📘 상담자의 6가지 발달단계

① 도우미 단계 : [인습적 상태]
  누군가를 도와준 긍정적인 경험이 있음
② 초기 대학원생 상태 : [전문적 훈련에 입문하는 단계]
  수퍼바이지는 강한 불안을 경험함. 특히 수행불안이 높으므로 수퍼비전 관계는 지지받고 이해받는 관계를 제공해야 함. 따라서 수퍼비전 관계를 구조화하는 것이 중요함. 수퍼바이저는 지시적, 교육적, 기술에 초점을 둔 수퍼비전을 함. 이때 수퍼바이저는 교사 역할을 함. 수퍼바이저는 수퍼바이지의 상담 내용에 대한 기억의 왜곡을 어느 정도 허용해야 함. 수퍼비전 장면에서 수퍼바이지의 노출을 격려함. 불안이 높은 수퍼바이지와 초심수퍼바이저가 만나면 기법에 대한 유능함에 초점을 맞추게 되고 광범위한 과정 탐색은 조기 폐쇄하게 되는 경향이 있으므로 조심해야 함. 모델링 개입을 사용함
③ 대학원 후기 상태 : [전문가 모방 단계]
  상담에 대한 자신감에 비해 전문적 취약성으로 인한 불안정감을 경험함. 상담자와 훈련받는 교육생으로서의 이중성으로 긴장이 강하게 발생함. 수퍼바이저의 교정적 피드백을 추구함
④ 초보 전문가 상태 : [조건적 자율성 단계]
  상담에 대한 이론적 지식과 실무경험을 통합하는 단계. 상담에 자신의 성격을 통합함
⑤ 숙련된 전문가 상태 : [축적된 경험 단계]
  자신만의 상담치료법을 활용하고 추구함
⑥ 원로 전문가 단계 : [통합, 개인화, 통합보존 단계]
  상담자의 영성을 치료에 활용하고 상담과 자신의 삶을 통합함. 주변 원로 전문가 동료들에 대한 현재의 상실에 대한 과제가 있음

상담자 발달의 특성 8가지 단계

① 유능감 → ② 전문가 수련으로의 전환 → ③ 숙련가 모방 → ④ 조건적 자율성 →
⑤ 탐색 → ⑥ 통합 → ⑦ 개별화 → ⑧ 완성

14가지 상담자의 발달주제

① 전문가로서의 자신과 한 개인으로서의 자신이 통합되는 과정이다.
② 전문가로서 기능하는 동안 초점은 내부에서 외부로, 다시 내부로 이동한다.
③ 자기성찰과 셀프 수퍼비전을 배운다.
④ 성장을 위한 열정과 헌신은 발달과정을 촉진시킨다.
⑤ 상담자의 인지도식은 전문지식에서 자신의 경험과 성찰에 기초하여 스스로 구성한다.
⑥ 전문가 발달은 길고, 느리고, 계속적이다.
⑦ 전생애를 통해 이루어진다.
⑧ 전문성이 발달할수록 불안이 줄어든다.
⑨ 내담자는 상담자의 발달에 영향을 미치며 교사이다.
⑩ 개인적인 삶은 전문가로서의 기능과 발달에 중요한 영향을 미친다.
⑪ 대인관계에서의 경험과 자원은 전문가 발달을 촉진시킨다.
⑫ 전문가 집단에 처음 진입한 구성원은 선배 전문가와 강한 정서적 반응을 보인다.
⑬ 인생 경험은 인간 변화 가능성에 대한 이해와 수용을 고양시키며 지혜와 전인성을 발달시킨다.
⑭ 내담자는 상담 과정에서 기여자로 평가되며 상담자는 내담자의 실제 변화과정을 현실적으로 인식하게 된다.

기출 문제

16-21. 로네스타드(M. Rønnestad)와 스코볼트(T. Skovholt)가 전생애발달모델에서 제안한 상담자 발달의 주제가 아닌 것은?

① 점차 내부에서 외부로 초점이 이동한다.
② 점차 자기성찰과 셀프 수퍼비전을 배우게 된다.
③ 전문가로서의 자신과 한 개인으로서의 자신이 통합되는 과정이다.
④ 대인관계에서의 경험과 자원은 전문성 발달을 촉진시킨다.
⑤ 내담자의 실제 변화 과정을 더욱 현실적으로 인식하게 된다.

정답 ①

해설 전문가로서 기능하는 동안 초점은 내부에서 외부로, 그리고 다시 내부로 이동한다.

16-20. 개업상담소를 운영하고 있는 수퍼바이지가 이전에 비해 이론적 지식을 자기구성적으로 활용하는 능력과 융통성이 증가하였다는 평가를 받았다. 이에 관한 수퍼비전 이론은?

① 스톨튼버그(C. Stoltenberg)와 델워스(U. Delworth)의 통합발달모델
② 로네스타드(M. Rønnestad)와 스코볼트(T. Skovholt)의 전생애발달모델
③ 버나드(J. Bernard)의 변별모델
④ 홀로웨이(E. Holloway)의 체계적 접근모델
⑤ 리즈(B. Liese)와 벡(J. Beck)의 인지행동모델

정답 ②

해설 전생애발달모델에 대한 설명이다.

15-18. 로네스타드와 스코볼트의 수퍼비전 발달 모델의 6단계에서 제 5단계에 해당하는 것은?

① 초보 전문가 상태
② 중급 전문가 상태
③ 대학원 후기 상태
④ 숙련된 전문가 상태
⑤ 원로 전문가 상태

정답 ④

해설 1단계 도우미 단계 → 2단계 초기 대학원생 상태 → 3단계 대학원 후기 상태 → 4단계 초보 전문가 상태 → 5단계 숙련된 전문가 상태 → 6단계 원로 전문가 단계

13-29. 로네스타드와 스코볼트의 수퍼비전 발달 모델에 관한 설명으로 옳지 않은 것은?

① 여섯 가지 발달 상태로 구분하였다.
② 발달의 특징을 12가지 주제로 설명하였다.
③ 공식적인 훈련과정에만 국한되지 않은 전생애 발달 모델이다.
④ 마지막 단계는 20년 이상의 경력을 가진 원로전문가 상태이다.
⑤ 수퍼바이저가 수퍼바이지의 발달과정을 이해하는데 도움을 준다.

정답 ②

해설 로네스타드와 스코볼트는 발달의 특징을 14가지 주제로 설명하였다.

18-12. 수퍼바이저 발달 이론에 관한 설명으로 옳지 않은 것은?
① 수퍼바이저의 발달적 특성을 단계로 구분하여 기술하는 경우가 많다.
② 수퍼바이지의 발달을 촉진하기 위해 다양한 개입을 할 수 있는 근거를 제공한다.
③ 왓킨스(C. Watkins)는 수퍼바이저의 발달단계를 초급, 중급, 고급, 원로의 4단계로 구분한다.
④ 헤스(A. Hess)는 수퍼바이저의 발달단계를 수퍼바이저 정체성의 초기, 탐색, 확립의 3단계로 구분한다.
⑤ 스톨튼버그 등(C. Stoltenberg et al.)은 자신감과 안정감이 형성된 상태가 세 번째 단계에 해당한다고 하였다.

정답 ③

해설 왓킨스(C. Watkins)는 수퍼바이저의 발달단계를 역할충격, 역할회복/전환, 역할통합, 역할숙련의 4단계로 구분한다.

15-14. 헤스가 제시한 수퍼바이저의 발달단계에 해당하는 것을 모두 고른 것은?

| 가. 모방 | 나. 초기 | 다. 혼란 |
| 라. 탐색 | 마. 확립 | |

① 가, 나, 다
② 가, 다, 라
③ 나, 다, 마
④ 나, 라, 마
⑤ 다, 라, 마

정답 ④

해설 헤스(A. Hess)는 수퍼바이저의 발달단계를 수퍼바이저 정체성의 초기, 탐색, 확립의 3단계로 구분한다.

18-17. 수퍼바이지의 발달수준 평가 범주에 해당하는 것을 모두 고른 것은?

ㄱ. 정서적 자각	ㄴ. 수퍼바이저에게 의존하는 정도
ㄷ. 인지적 유연성	ㄹ. 상담자로서의 정체감

① ㄱ
② ㄱ, ㄴ
③ ㄱ, ㄴ, ㄷ
④ ㄴ, ㄷ, ㄹ
⑤ ㄱ, ㄴ, ㄷ, ㄹ

정답 ⑤

해설 수퍼바이지의 발달수준을 평가하는 범주는 상담능력과 기술, 사례개념화 기술, 인지적 유연성, 정서적 자각, 상담자로서의 정체감, 수퍼바이저에게 의존하는 정도와 불안, 대인관계 기술, 등이다.

13-28. 수퍼비전 발달 모델에 관한 설명으로 옳은 것은?

① 호간은 상담자의 발달을 6단계로 구분하였다.
② 스톨튼버그는 상담과정 기술 등 6가지 상담활동 차원으로 상담자의 발달을 기술하였다.
③ 브래들리와 라다니는 수퍼비전 모델들을 통합적 모델과 발달모델로 구분하였다.
④ 로간빌은 상담자 발달의 종합적인 모델을 정체, 혼란, 통합의 3단계로 구분하였다.
⑤ 홀로웨이는 상담자 발달모델을 8단계로 구분하였다.

정답 ④

해설
① 호간은 상담자의 발달을 4수준으로 구분하였다.
② 스톨튼버그는 상담과정 기술 등 8가지 상담활동 차원으로 상담자의 발달을 기술하였다.
③ 브래들리와 라다니는 수퍼비전의 통합적 모델을 제시하였다(핵심사건 기본모델)
⑤ 홀로웨이는 수퍼비전 관계를 3단계(발달, 성숙, 종결)로 구분하였다.
⑤ 스코브홀트와 로네스타드는 상담자 발달모델을 6단계로 구분하였다.

5 통합적 수퍼비전 모델 / 대인관계 모델

• 통합적 수퍼비전 모델에서는 수퍼바이저 역할과 수퍼바이저가 수퍼비전에서 강조해야 할 상담영역을 제시하였다.

1. 버나드(Bernard)의 3×3 변별모델(Discrimination Model)

기본적 가정
① 수퍼바이저가 어떤 역할(상담자, 자문가, 교사)을 해야 하는가에 바탕을 두고 수퍼비전 기법을 제시함
② 수퍼바이저는 이미 배운 역할 외에 전문가적 역할이 필요함
③ 수퍼바이저의 개인적인 경험에 의해 습득된 역할은 수퍼비전 관계와 역할에 영향을 줌
④ 효율적인 수퍼바이저는 모든 역할을 수행하고 어떤 발달 수준의 수퍼바이지에게 모든 초점을 다룰 준비가 되어야 함
⑤ 수퍼바이저의 역할과 초점은 개별 수퍼바이지의 수련 요구에 맞춰 결정됨
⑥ 초보 수퍼바이저에게 수퍼비전 과정을 소개하기 위한 교육모델로 기술적 절충주의에 기초함

수퍼바이저의 역할
① 교사의 역할
 - 수퍼바이지의 역량증가를 위한 학습에 필요한 것을 파악하고 평가하는 역할
 - **수퍼바이지의 상담에서의 적절한 개입을 확인함**
 - 회기 내 상호작용을 관찰하고 평가함.
 - 개입 기술을 가르치고 시범을 보임
 - 상담에서의 특정 전략과 개입의 이유를 설명함
 - 회기 내 주요사건을 해석함
② 상담자의 역할
 - 개인적 발달에 초점을 둠
 - 수퍼바이지의 느낌을 탐색함
 - 특정기법과 개입에 대한 수퍼바이지 느낌을 탐색함
 - 수퍼바이지의 자신감과 걱정을 탐색함

- 개인적 역량과 성장의 영역을 이해함
- **내담자의 정서와 방어기제를 탐색함**

③ 자문가의 역할
- 문제해결을 위한 대안을 제시하고 격려함
- **상담 전략과 개입에 대한 브레인스토밍을 함**
- 내담자의 문제와 동기에 논의함
- 수퍼바이지의 요구를 충족시킴
- 수퍼비전 회기를 구조화함

수퍼바이지의 역량에 대한 3가지 수퍼비전 영역

① 개인화 기술(상담자)
- 개인화 기술이란 개인적 특성 및 역전이에 영향을 받지 않는 능력이다.
- 문화적 배경 및 타인에 대한 민감성이다.
- 유머 등 자신의 독특한 상담 양식을 발전시키는 것이다.
- 개인화 기술 개입의 예

> 수 련 생 : 내담자가 제가 자신보다 어리고 미혼이라는 이유로 자신을 이해하지 못한다고 생각하는 것 같아요.
> 수퍼바이저 : 내담자가 이해받지 못한다고 말하는 이유가 왜 선생님이 어리고 미혼이기 때문이라고 생각하나요?
> 수 련 생 : 내담자가 "선생님은 이해하실지 모르겠지만…"이라는 말을 자주하는데 전 이 말을 들을 때마다 제가 어리고 경력이 부족해서 내담자가 이런 말을 한다는 생각이 들어요.
> 수퍼바이저 : 선생님 입장에서 나이 많은 내담자는 어떤가요?
> 수 련 생 : 사실 저도 나이 많은 내담자가 불편해요. 게다가 제가 미혼이라서 아이 문제를 이해하는 것이 힘들어요. 내담자 입장보다 아이 입장에서 내담자 얘기를 듣게 될 때가 있어요.
> 수퍼바이저 : 선생님도 나이가 많고 엄마인 내담자에 대한 불편감이 있네요.

② 개념화 기술(자문가)
- 개념화 기술이란 내담자에 대한 사례개념화 기술이다.
- 내담자에 대한 개념 이해이다.
- 문제에 대한 통합적인 이해 능력이다.

③ 개입 기술(교사): 상담과정기술
  - 개입 기술이란 **상담회기 안에서 수퍼바이지가 행동하는 것을 관찰하는 기술**이다.
  - 상담과정에서 **공감, 직면, 해석, 속도 맞추기, 침묵 등 상담기술의 사용에 초점**을 둔다.
  - 목적이 있는 치료적인 대인관계 활동이다.

🔹 장점과 단점
  - 장점: 수퍼비전 과정에서 수퍼바이저의 구체적인 개입기술을 제시하고 있어 수퍼바이저 훈련에 유용하다.
  - 단점: 수퍼바이저가 수퍼비전 회기에서 수퍼바이지에게 유연하게 반응하는 데 도움을 줄 수 있지만 구체적으로 수퍼바이지의 필요영역을 관찰하고 평가하기 위한 구체적인 지침을 지시하지 못하고 있다.

기출 문제

18-20. 변별모델 수퍼비전에 관한 설명으로 옳지 않은 것은?

① 이 모델은 세 가지 초점과 세 가지 역할에 따라 아홉 가지 개입방향이 있다.
② 수퍼비전 회기 내에서 수퍼바이지의 요구에 따라 수퍼바이저의 개입기술을 바꿀 수 없다.
③ 개입기술은 상담과정에서 수퍼바이지가 치료적 개입을 적절하게 사용하고 있는지에 초점을 둔다.
④ 개념화기술은 내담자가 직면한 문제에 대한 개념화 능력과 문제에 대한 통합적인 이해능력을 의미한다.
⑤ 개인화기술은 자신의 개인적인 특성을 상담과정에서 효과적으로 활용할 수 있는 능력을 말한다.

정답 ②

해설 수퍼비전 회기 내에서 수퍼바이지의 요구에 따라 수퍼바이저의 개입기술을 바꿀 수 있다.

15-24. 다음 설명에 해당하는 수퍼비전 모델과 이를 주장한 학자를 바르게 연결한 것은?

> • 수퍼비전에서 초점이 되는 세 가지 영역은 상담수련생의 개념화 기술, 개입 기술, 개인화 기술로 설명한다.
> • 위 세 가지 영역에서 상담수련생의 수준이 평가되면 수퍼바이저는 각 영역에서 효과적인 수퍼비전 개입을 위해 교사, 상담자, 자문가로서의 역할을 선택한다.

① 변별모델 - 버나드　　　② SAS모델 - 홀로웨이
③ 통합모델 - 스코볼트　　④ 발달모델 - 로네스타드
⑤ 기술모델 - 로간빌

정답 ①

해설 버나드는 변별모델에서 수퍼비전에서 초점이 되는 세 가지 영역으로 개념화, 개입화, 개인화 기술을 설명하였다.

17-07. 버나드(J. Bernard)의 구별모델(Discrimination Model)에서 제시하는 수퍼바이저의 세 가지 역할은?

① 교사 - 상담자 - 자문가　　② 교사 - 촉진자 - 자문가
③ 교사 - 관찰자 - 사례관리자　④ 교사 - 상담자 - 행정가
⑤ 교사 - 자문가 - 평가자

정답 ①

해설 교사, 상담자, 자문가이다

17-25. 버나드(J. Bernard)의 구별모델에서 설명하는 사례개념화 기술에 해당하지 않는 것은?

① 내담자의 진술을 이해하는 능력
② 내담자의 진술에서 주제를 명확히 하는 기술
③ 내담자에게 적절한 목표를 가려내는 기술
④ 상담목표에 적절한 전략을 선택하는 기술
⑤ 내담자의 위기를 관리하는 기술

정답 ⑤

해설 내담자의 위기를 관리하는 것 개입기술이다.

12-02. 수련상담자 평가에 관한 내용이다. ( )안에 들어가야 할 것들을 순서대로 제시한 것은?

> 수련상담자가 내담자에 대한 이해가 부족해서 필요한 개입을 하지 못할 때, ( )모델을 적용하면 ( )이 부족하다고 평가한다.

① 버나드 – 개입기술
② 버나드 – 개념화기술
③ 버나드 – 개인화기술
④ 홀로웨이 – 개인화 기술
⑤ 홀로웨이 – 개입 기술

정답 ②

해설 내담자에 대한 이해는 개념화 기술이다.

16-22. 다음은 상담센터 상담자의 수퍼비전 내용의 일부이다. 수퍼비전 변별모델에 근거하여 수퍼바이저의 역할과 수퍼비전 초점 영역을 옳게 연결한 것은?

> 수퍼바이지: 내담자가 자기 회사의 팀장으로부터 오래 전에 성폭력을 당했다고 이야기 하면서 절대 비밀로 해달라고 간청을 했어요. 이것을 어떻게 해야 할지 모르겠어요.
> 수퍼바이저: 이 문제가 무슨 문제이며, 그것이 왜 중요한지 함께 생각해보는 것이 좋겠네요.

① 교사 - 개입기술
② 상담자 - 개념화 기술
③ 자문가 - 개인화 기술
④ 자문가 - 개념화 기술
⑤ 상담자 - 개인화 기술

정답 ④

해설 수퍼바이저의 자문가 역할은 문제해결을 위한 대안제시 및 격려이다. 수퍼바이지의 질문에 수퍼바이저는 사례개념화를 통해 자문해야 한다.

13-21. 수퍼비전에서 사용되는 개입 기술에 관한 설명으로 옳은 것은?

① 수퍼바이저가 수퍼바이지, 수퍼비전 관계에 대한 느낌을 말하는 것은 공감이다.
② 수퍼바이저가 자신의 개인적인 문제나 경험에 대해 말하는 것은 즉시성이다.
③ 수퍼바이저가 수퍼바이지의 감정과 행동의 불일치에 대해 말하는 것은 직면이다.
④ 수퍼바이지에게 정보를 준다거나 정보를 얻을 수 있는 출처를 소개하는 것은 요약이다.
⑤ 서로 관련 있는 내용이나 자료를 체계적으로 정리하여 표현하는 것은 재진술이다.

정답 ③

해설
① 수퍼바이저가 수퍼바이지, 수퍼비전 관계에 대한 느낌을 말하는 것은 즉시성이다.
② 수퍼바이저가 자신의 개인적인 문제나 경험에 대해 말하는 것은 자기개방이다.
④ 수퍼바이지에게 정보를 준다거나 정보를 얻을 수 있는 출처를 소개하는 것은 정보제공이다.
⑤ 서로 관련 있는 내용이나 자료를 체계적으로 정리하여 표현하는 것은 요약이다.

13-26. 버나드와 굿이어가 제시한 구조화된 집단 수퍼비전 모델의 단계이다. ( )의 내용을 순서대로 바르게 나열한 것은?

> - 1단계: 사례제시를 통한 도움 요청
> - 2단계: (   )
> - 3단계: 구성원의 피드백
> - 4단계: 수퍼바이지가 구성원의 피드백에 대한 응답
> - 5단계: (   )

① 수퍼바이저의 피드백 – 구성원의 소감 발표
② 구성원의 토론 – 수퍼바이지의 소감 발표
③ 수퍼바이저의 지도 – 구성원의 소감 발표
④ 수퍼바이저의 피드백 – 수퍼바이지의 소감 발표
⑤ 수퍼바이지에게 질문 – 수퍼바이저의 지도 및 토론

정답 ⑤

해설 구조화된 집단 수퍼비전은 사례를 통한 도움 요청, 수퍼바이지에게 질문, 집단원의 피드백, 수퍼바이지가 집단원의 피드백에 대한 응답, 수퍼바이저의 지도 및 토론의 순서로 진행된다.

18-18. 버나드(J. Bernard)와 굿이어(R. Goodyear)가 제시한 수퍼바이저의 윤리적 주제에 해당하지 않는 것은?

① 전문가의 정보   ② 다중관계   ③ 전문적 유능성
④ 비밀보장   ⑤ 사전동의

정답 ①

해설 버나드와 굿이어가 제시한 수퍼바이저의 윤리적 주제에 해당하는 것은 다중관계, 전문적 유능성, 비밀보장, 사전동의, 법적문제, 윤리적 결정과정이다.

2. Holloway 홀로웨이의 체계적 수퍼비전 모델 (SAS모델: systems approach to supervision)

- 수퍼바이저의 교육과 실제에 대한 구체적인 지침을 개발함
- 수퍼비전을 가르치고 실제를 안내할 수 있도록 고안함
- 홀로웨이가 수퍼바이저의 역할(교사, 대선배상담자, 자문가, 평가자, 치료자)을 조직함
- <u>수퍼비전 관계를 강조 함</u> : 수퍼바이저와 수퍼바이지 양쪽 모두의 책임을 강조함

■ 수퍼비전의 기본이 되는 7가지 차원
- 수퍼비전 관계, 수퍼비전 과업, 수퍼비전 기능(3가지)
  수퍼바이저, 수퍼바이지, 내담자, 기관이나 단체(4가지 맥락적 요인)

■ 수퍼비전 관계 3가지(관계는 수퍼비전의 역동적인 요소이다)
- 수퍼비전의 계약 : 수퍼비전의 과업과 기능에 대한 일련의 기대를 확립(양 당사자의 역할기대, 수퍼비전 학습 목표와 평가 기준 및 절차)
- 관계의 대인관계적 구조 : 힘 또는 영향력과 참여의 영역을 포함하는 관계의 상호작용 구조
- 관계의 단계 : 참여자들에게 특수한 관계의 발달

■ 수퍼비전 과업 5가지(상담자로서 역할수행을 위한 상담전문기술)
① 상담기술 : 상담자가 상담 과정에서 나타내는 행동, 상담기술(의사소통패턴, 공감, 개인화)과 상담기법
② 사례개념화(사례이해) : 내담자의 심리사회적 역사, 주호소문제를 파악하고 상담자의 이론에 기초한 개념적 틀을 갖는 것
③ 전문성(전문적 역할) : 전문가로서의 역할, 윤리강령준수, 수퍼비전 받기, 전문가와 네트워크연계, 상담기록관리, 상담절차 따르기
④ 정서적 자각(정서적 알아차림) : 상담에 영향을 미치는 자신의 느낌, 사고, 행동에 대해 스스로 알아차리는 것(심리내적 자각과 대인관계적 자각을 모두 포함)
⑤ 자기평가 : 상담과 수퍼비전에서 자신의 능력의 한계를 인식하고 평가하는 노력

수퍼비전 기능 5가지(수퍼바이저 역할 5가지)

- 사람이나 사물에 적합한 행동이나 활동으로 수퍼비전을 지도하는 수퍼바이저 역할과 관련됨

① 조정과 평가자 : [**관찰(점검)하기와 평가하기**]
 수련생의 작업을 전문가적 입장에서 보고 형성평가와 총괄평가를 제공.

② 교사 : [**가르치기(교수)와 조언하기**]
 수퍼바이저가 전문적 지식과 기술에 근거한 정보, 견해, 제안을 제공함. 수퍼바이저의 전문성은 충고 기능에서 발휘

③ 대선배상담자 : [**모델링과 시범보이기**]
 수퍼바이저는 전문적 실천과 행동의 모델을 보임

④ 자문가 : [**자문하기**]
 수련생에게 정보와 견해를 이끌어내고 임상적, 전문적 상황에 대한 문제해결력을 촉진. 수련생은 수퍼바이저를 신뢰하고 협동적 관계

⑤ 치료자 : [**지지하기와 공유하기(격려하기와 나눔하기)**]
 공감적 주의, 격려, 건설적 직면을 통해 수련생을 지지함

수퍼비전 과정 25개(수퍼비전 과제 5가지×수퍼비전 기능 5가지)

		수퍼비전 과제				
		상담 기술	사례 개념화	전문가 역할	정서적 자각	자기 평가
수퍼 바이저 기능	모니터링/평가	수퍼비전 과제 5가지×수퍼비전 기능 5가지				
	조언/교수					
	모델링					
	컨설팅					
	지지/나눔					

맥락적 요인 4가지

수퍼바이저 요인	수퍼바이지 요인	내담자 요인	기관이나 단체 요인
① 전문가로서의 경험 ② 수퍼비전에서의 역할 ③ 상담의 이론적 경향성 ④ 문화적 특성 ⑤ 자기표현	① 상담경험 ② 학습요구/양식 ③ 이론적 경향성 ④ 문화적 요소 ⑤ 자기제시	① 내담자 특성 ② 호소문제와 진단 ③ 상담관계	① 기관의 내담자군 ② 조직구조와 분위기 ③ 전문가로서의 윤리와 기준

홀로웨이의 수퍼비전의 5가지 목표

• 개인에게 부과되거나 기대되는 특정 업무로 상담에 대한 전문지식
① 수퍼바이지가 전문가의 태도, 지식, 기술을 학습할 수 있는 기회를 제공함
② 복잡한 상호관계의 맥락 안에서 이루어짐
③ 목표달성을 위한 참여를 촉진함
④ 내용과 가정은 모두 관계의 맥락 속에서 교수접근 중심
⑤ 수퍼바이지 지식과 기술 습득을 통해 역량을 강화시킴

홀로웨이의 수퍼비전 단계 : 발달, 성숙, 종결

① 발달(시작) : 초기단계로 수퍼비전의 목적과 관계에 대한 기대 재정립, 수퍼바이지의 요구와 수퍼바이저의 지지, 수퍼비전 계약 수립, **수퍼비전에서 교육적 개입**
② 성숙(발달) : 수퍼비전 관계에서 개인적 성향증가, 역할중심의 관계 감소. 상담에 대한 자신감과 효능감이 증가하는 시기, 수퍼바이저에게 도전받기를 바람
③ 종결(종결) : 수퍼바이저의 의존성향 감소, 내담자 이슈를 개념화하는 것에 유능해짐, 이론을 실제에 적용, 자기효능감 향상, 꼭 필요한 경우에만 수퍼비전을 요청하는 등 독립적인 수행으로 힘의 구조가 변화 됨, 수퍼바이지는 점차 독립적인 수행을 하게 됨

🔷 SAS 모델의 적용
- 다른 모델에 비해 수퍼바이저가 수퍼비전에서 무엇을 해야 하는지, 어떻게 해야 하는지, 어떠한 환경에서 개입해야 하는지에 대한 지식을 구체적으로 제공해준다.
- 다른 모델들과 달리 체계적으로 수퍼바이저를 교육시키고 수퍼바이저를 자문하는 데 활용하기 위해 고안되었다.

🔷 수퍼바이저 관계 권력(relation power) : 힘과 관여의 구조 속에서 수퍼비전 관계가 발달함
① 보상적 권력 : 타인이 자신에게 보상을 줄 수 있는 능력이나 자원을 가지고 있다고 인식함
② 강압적 권력 : 타인이 자신에게 벌을 가할 수 있는 능력이나 자원을 가지고 있다고 인식함
③ 적법적 권력 : 제공하는 서비스가 전문적이고, 사회적으로 가치 있는 것이라는 믿음
④ 전문가 권력 : 개인이 지식과 기술을 가지고 있을 때
⑤ 호감적 권력 : 개인적 매력을 가지고 있음

기출 문제

18-22. 홀로웨이(E. Holloway)의 체계적 접근 모델에서 제시한 수퍼비전의 기능에 해당되는 것을 모두 고른 것은?

| ㄱ. 교수와 조언 | ㄴ. 시범 |
| ㄷ. 자문 | ㄹ. 격려와 나눔 |

① ㄹ
② ㄱ, ㄴ
③ ㄱ, ㄷ
④ ㄱ, ㄴ, ㄷ
⑤ ㄱ, ㄴ, ㄷ, ㄹ

정답 ⑤

해설 수퍼비전의 기능은 관찰 점검과 평가하기, 교수와 조언하기, 모델링과 시범보이기, 자문하기, 지지하기와 격려하기이다.

16-23. 홀로웨이(E. Holloway)의 체계적 접근모델에서 수퍼비전 과제에 포함되지 않는 것은?

① 상담기술
② 사례개념화
③ 정서적 자각
④ 전문가 역할
⑤ 수퍼바이지 평가

정답 ⑤

해설 수퍼바이지 평가가 아니라 자기평가이다.
수퍼비전 과제는 상담기술, 사례개념화(사례이해), 전문성(전문적 역할), 정서적 자각(정서적 알아차림), 자기평가이다.

18-15. 체계적 수퍼비전 모델에서 수퍼바이저의 맥락적 요인에 해당하지 않는 것은?

① 전문가 경험
② 수퍼비전에서의 역할
③ 상담의 이론적 경향성
④ 상담관계
⑤ 문화적 특성

정답 ④

해설 수퍼바이저의 맥락적 요인은 전문가로서의 경험, 수퍼비전에서의 역할, 상담의 이론적 경향성, 문화적 특성, 자기표현이다.

3. 라다니와 넬슨(Ladany, Friedlander & Nelson)의 핵심사건기반 모델(CES모델)

■ CES모델은 수퍼비전 관계를 중요하게 생각함
- Bodin의 작업동맹 구성요소(목표, 과업, 유대)를 효과적인 수퍼비전의 중요 요소로 간주한다.
- 과업분석상담과 의미 있는 치료적 과업을 발견, 탐색하고 해결하는 심리치료연구에 기초를 두고 있다.
- 수퍼바이저의 경험으로부터 핵심 사건기반 모델이 발달 되었다.
- 수퍼비전은 평가적이고, 전형적으로 피동적이며, 사실상 교육적이다(Ladany).
- 핵심사건들은 작업동맹의 하나 이상의 결렬로 발생한다.

■ CES모델의 3단계
① 표시단계 : 수퍼비전 회기 동안 도움의 신호를 수퍼바이지가 보냄(지각, 논점 회피), 수퍼바이저가 어떤 이슈를 다룰 필요가 있는지 확신할 때 이 단계가 종결 됨
② 과업환경 단계 : 수퍼바이저가 적용하는 개입과 그 결과로서 일어나는 수퍼바이지의 반응 사이에 생기는 일련의 순차적인 상호작용(탐색, 명료화, 훈련의 반복 포함), 수퍼비전 관계에 초점을 맞춤, 역전이와 병행 과정에 주의를 기울임, 상담지식과 기술을 평가, 다문화적 인식에 초점을 맞춤
③ 해결 : 수퍼비전 과업을 성공적으로 완수하는 것, 4가지 영역의 향상 혹은 퇴보로 나타남(자기인식, 지식, 기술, 수퍼비전 동맹)

■ CES모델의 7가지 핵심사건: 수퍼비전에서 일어나는 가장 흔하고 도전이 되는 사건
① 어려움과 결핍을 상담기술로 치료하기
② 다문화적인 인식 강조하기
③ 역할갈등 협상하기
④ 역전이를 통해 작업하기
⑤ 성적인 매력 다루기
⑥ 성역할(gender)과 관련된 오해 교정하기
⑦ 문제가 되는 태도와 행동 다루기

6. 개인 수퍼비전과 집단 수퍼비전

1. 개인 수퍼비전

📘 개인 수퍼비전 단계

1) 준비단계

① 수퍼바이저는 수퍼비전을 준비하기 전에 자신이 어떤 훈련을 받았는지 자기점검한다.
② 수퍼바이저는 수퍼바이지가 긍정성, 사고의 유연성, 협동성, 책임감, 윤리성, 피드백을 수용하고 기꺼이 사용하는지 살펴본다.
③ 수퍼바이지가 자신의 상태를 자각하는 능력, 자신이 타인에게 미치는 영향을 알아차리는 능력, 갈등을 다루는 능력, 감정을 적합하고 효율적으로 표현하는 능력이 있는지 알아보고 스크리닝한다.

2) 초기단계(시작단계)

① 첫회기에 수퍼비전을 계약을 한다. 왜냐하면 수퍼비전 관계란 서로 동의한 기간, 동의한 것을 배우기로 한 계약관계이기 때문이다.
   - 첫회기 과제는 **계약을 명확히 하고, 수퍼바이지의 상담 기술과 발달 수준을 평가하여 수퍼비전 목표를 합의하는 일**이다.
   - 한 학기에 15회기 내외의 지도를 받았을 때 높은 학습효과를 느낄 수 있다.
   - **수퍼비전 계약서에 들어가는 내용**: 수퍼비전 목표와 목적, 수퍼비전 구조화, 수퍼비전 평가에 대한 내용, 수퍼바이저의 의무와 책임, 수퍼바이지의 의무와 책임, 수퍼비전 절차상 고려사항, 수퍼바이저의 전문성, 수퍼비전 계약기간 등이다.
② **수퍼비전 작업동맹은 목표, 과제, 유대의 세 가지 요인**으로 구성되어 있다.
   - 목표: 수퍼비전에서 무엇을 기대하는지 목표에 대한 생각과 감정에 대해 서로 이해하고 동의하는가?
   - 과제: 목표성취를 위해 서로에게 기대하는 역할과 구체적인 과업에 동의하는가?
   - 유대: 서로에게 갖고 있는 호감, 돌봄과 같은 긍정적인 감정이 있는가?
③ 수퍼바이지의 상담 기술과 발달수준 평가
   - 수퍼바이지에게 상담기술과 사례를 개념화하여 전략을 세우는 인지적 기술을 평가한다. 이를 위해 수퍼바이지가 잘하는 상담기술, 자신있는 이론적 접근법, 자신의 장점과 자원, 더 개발되어야 할 부분, 이전에 수퍼비전에서 자주 들었던 피드백에 대해 말하게 한다.

- 수퍼바이지의 상담기술은 언어반응, 개입기술을 실행하는 능력이다.
- 상담기술을 평가하기 위해 축어록, 녹음, 역할연습, 평가도구를 사용한다.
- **수퍼바이지의 발달수준 평가 내용**: 상담기술에 대한 자신감과 정서적 자각, 수퍼바이저에게 의존하는 정도, 인지적 유연성, 상담자로서의 정체성, 윤리를 다루는 태도, 상담한계를 자각하는 능력, 내담자에게 주는 영향에 대한 통찰, 인성, 대인관계, 상호협력

④ 목표설정: 수퍼비전에서 배우고 싶은 것, 다루고 싶은 것을 설정한다.
- 내용: 상담기술, 사례개념화, 인성적 요인이 포함된다.
- 장단기목표를 정한다. 예를 들어 게슈탈트기법을 배우기가 장기목표라면 빈의자기법 배우기는 단기목표가 될 것이다.
- 이번 회기에 배워야 할 내용을 이슈화 한다.

3) 개입단계: 수퍼비전을 할 때 사용하는 기법

① 교육 및 설명하기
② 질문하기
③ 대안적 반응과 사고 연습해보기
④ 역할연습 및 관찰하기
⑤ 대인관계 과정회상: 상담회기동안 일어난 내적과정, 즉 생각과 느낌을 회상하기 위해 상담 녹음테이프를 활용하는 기술로 상담자는 회기 중 자신이 부정했거나 무시한 메시지를 명료하게 인식하는데 도움을 줌으로써 수퍼바이지의 자각수준을 높여준다.
⑥ 수퍼비전 기록하기

4) 수퍼비전 평가와 종결 단계

- **형성평가는 수퍼비전 매회기마다 이루어지고, 종합평가는 한 학기가 끝날 때 이루어진다.**
- 피드백 지침
① 피드백은 구체적인 장면에서 행해지며 체계적이고 객관적이고 정확해야 한다.
② 피드백은 수퍼바이지가 명확히 이해할 수 있도록 제시한다.
③ 피드백 사건이 일어난 직후가 가장 좋다.
④ 피드백은 상호적이며 지속적이어야 한다.
⑤ 피드백은 다양한 대안(상담진행방법, 전략, 즉시성)으로 제시되어야 한다.
- 평가내용은 수퍼바이지에 대한 평가, 수퍼바이저에 대한 평가, 수퍼비전 자체에 대한 평가로 이루어진다.

초급 상담자와 중급 상담자 수퍼비전

초급상담자	중급상담자
• 평가적인 피드백을 제공 • 성장촉진을 위한 모델링과 교육 제공 • 지지와 강화 • 구체적인 상담기술 습득 • 수퍼바이지와 관계형성에 주력	• 사례개념화기술을 확장시키기 위한 직면 • 공명판이나 촉진자로서의 역할 • 역전이 이슈와 작업 • 상담자에게 주도권을 주고 실수도 허용 • 공동의 파트너로 인식

로건빌, 하디와 델워스의 수퍼비전 학습에 따른 연속적 발달모델

- 수퍼바이지의 4가지 영역에 대한 발달 : 세계에 대한 태도, 자신에 대한 태도, 수퍼바이저에 대한 태도, 그 단계 가치에 대한 태도
- 수퍼비전 단계
① 정체기: 흑백논리, 낮은 자존감. 전능이상화와 지나친 의존. 수퍼바이저를 전능하게 여기지만 수퍼비전 내용이 부적절하거나 필요없다고 생각함. 수퍼바이지는 이 단계에서 정서적 갈등을 경험하지는 않음
② 혼란기: 불안, 분열, 갈등, 양가감정, 실망, 더 이상 수퍼바이저가 정답을 줄 수 없다는 실망과 분노를 경험. 수퍼바이저와 상담자 모두에게 두려운 단계
③ 통합기: 상담자의 세계관이 분명해짐, 자신의 취약함에 두려워하거나 죄의식을 느끼지 않음. 수퍼바이저의 강점과 약점을 수용

수퍼비전 관계형성을 위한 필수요소는 <u>신뢰 형성하기, 자기개방 격려하기, 전이와 역전이 다루기, 적적한 경계 설정하기</u>이다.

🟦 자기개방에 대한 예시

① 자기개방은 수련생의 이슈, 요구, 관심사와 맞아야 하며, 수련생을 도와주기 위한 의도가 있어야 하고, 수련생과의 친밀성을 고려해서 신뢰로운 관계에 기초해서 이루어져야 한다.
② **자기개방의 5가지 영역은 개인적인 자료, 치료 경험, 전문가로서의 경험, 내담자에 대한 수퍼바이지의 반응, 수퍼비전 경험이다.**
③ 수퍼바이저의 **자기개방은 필요한 시점에 적절한 방법**으로 해야 한다.
④ 수퍼비전 작업동맹이 잘 형성된 경우 수퍼바이지의 자기개방이 비교적 쉽다.
⑤ 수퍼비전 작업동맹이 잘 형성된 경우 수퍼바이지는 수치심, 두려움과 불안 등 부정적 감정을 쉽게 개방한다.
⑥ 수퍼바이저가 지나치게 개인적인 이야기를 나누는 것은 경계를 혼란스럽게 할 수 있으므로 주의해야 한다.
⑦ 수퍼바이지의 이슈, 요구, 관심사와 맞아야 한다.
⑧ **수퍼바이지를 도와주기 위한 의도를 가진 자기개방이어야 한다.**
⑨ 수퍼바이지와의 친밀성을 고려해야 한다.
⑩ 수퍼바이지가 견고한 작업동맹을 인식하는 데 도움이 된다.
⑪ 의도적, 비의도적인 자기개방은 구분되어야 한다.
⑫ 자기개방은 신뢰에 기초해서 이루어진다.
⑬ 자기개방은 동맹관계를 형성·유지하고 학습과정에 적극적인 참여를 촉진한다.

🟦 셀프 수퍼비전에서 자기개방 후 자신에게 하는 질문

① 가장 간결하게 말한다면 뭐라고 해야 했을까?
② 개방하지 않았으면 어떤 어려움이 생겼을까?
③ 상담의 초점을 어떻게 다시 내담자에게 돌릴 것인가?
④ 지금이 가장 적절한 시점인가?

🟦 수퍼비전에서 사용하는 즉시성

① **즉시성이란 상담자가 내담자와의 관계에서 자신, 내담자 혹은 상담관계에 대한 즉각적인 감정을 표현하는 것**으로, 내담자의 대인관계 방식에 대한 이해를 돕고, 치료관계에서 발생하는 대인관계적 갈등의 해결 기회를 제공한다.

② 즉시성의 예
- 내담자에게 서운한 감정을 그때 표현했으면 어땠을까요?
- 내담자가 사람들을 신뢰하지 않는다고 말하는데, 그럼 상담자를 신뢰하는지에 대해서 질문했나요?
- 내담자가 상담자와의 관계를 어떻게 생각하는지 그 상황에서 다루었으면 하는 아쉬움이 남네요.

③ 즉시성의 대화

> 수퍼바이지: 제 내담자가 처음과 다르게 3주 동안 지각하고 있는데, 어떻게 반응해야할지 모르겠어요.
> 수퍼바이저: 지각하는 내담자에게 "처음 상담할 때와는 다르게 A씨가 상담을 중요하게 생각하지 않는 것 같아서 서운하네요. 나와의 상담에 대해서 어떤 마음인지 지금 얘기해주면 좋겠어요."라고 해 보면 어떨까요?

🟦 수퍼비전 첫 회기에 검토해야 할 사항

① 수퍼비전 계약을 명확히 하고 계약서를 작성한다.
- 계약서에 들어가는 내용은 수퍼비전 목표와 목적, 수퍼비전 구조화, 수퍼비전 평가에 대한 내용, 수퍼바이저의 의무와 책임, 수퍼바이지의 의무와 책임, 수퍼비전 절차상 고려사항, 수퍼바이저의 전문성, 수퍼비전 계약기간 등이다.

② **수퍼바이지의 상담기술과 발달수준을 평가하여 수퍼비전 목표를 합의**하는 일이다.

③ 수퍼비전 기간을 정한다.

④ 수퍼비전과 관련된 윤리적 문제를 검토한다.

⑤ 수퍼비전을 구조화 한다.

⑥ 자살·자해 및 집단따돌림 등 위기상황에 대한 관리(개입) 전략을 자문한다.

⑦ **위기개입에서 유의사항**
- 평정심을 유지하며 내담자에게 자살에 대해 직접적으로 질문했는가?
- 내담자의 관심사를 최소화하거나 위험에 가볍게 대처하지 않았는가?
- 고위험의 내담자를 혼자 있지 않도록 조치했는가?
- 주변에 연결할 수 있는 지지체계를 확인하였는가?

상담 중에 내담자가 자살한 사례의 수퍼비전에서 수퍼바이저의 행동

① 수퍼바이지가 자신의 개인적 반응을 효과적으로 관리할 수 있도록 돕는다.
② 수퍼바이지가 속한 기관 차원에서 해야 할 책임을 이행하도록 돕는다.
③ 상담자들이 이런 일에 대하여 필요 이상의 책임을 지려는 현상이 자주 발생한다는 사실을 수퍼바이지에게 알린다.
④ <u>수퍼바이지가 자신의 생각과 감정을 표현할 수 있는 기회를 제공한다.</u>

사례개념화 요소

① 사례개념화란 상담자가 내담자와 관련된 정보를 토대로 상담자 자신의 이론과 경험을 활용하여 내담자 문제의 원인에 대한 일련의 가설을 세우고 이를 토대로 내담자의 문제해결을 위해 상담목표 및 전략을 세우는 과정이다.
② 사례개념화 요소 : **내담자 인적사항, 상담에 오게 된 이유, 주 호소 문제, 심리검사 및 행동평가, 내담자 발달사, 상담목표와 전략, 내담자의 강점과 지지체계** 등이 포함된다.

리네한(M. Linehan)이 제시한 수퍼비전 적용 절차

① 반응 형성과 강화 절차(response shaping and strengthening procedures)
② 반응 억제 해소 절차(response disinhibition procedures)
③ 반응 학습 절차(response acquisition procedures)
④ 반응 전이 절차(response transfer procedures)

기출 문제

17-13. 사례보고서에 들어갈 수 있는 요소를 모두 고른 것은?

> ㄱ. 내담자와의 상담내용 ㄴ. 내담자에 대한 인적사항
> ㄷ. 내담자에 대한 검사결과 ㄹ. 상담목표와 전략기술
> ㅁ. 상담자의 직관적 판단

① ㄱ ② ㄷ, ㄹ
③ ㄱ, ㄴ, ㄷ ④ ㄱ, ㄴ, ㄷ, ㄹ
⑤ ㄴ, ㄷ, ㄹ, ㅁ

정답 ④

해설 사례보고서에는 내담자 인적사항, 주호소문제, 행동특징, 심리검사자료, 상담목표와 전략, 상담내용, 축어록 등이 포함된다.

17-14. 수퍼바이지가 성장할 수 있는 피드백과 평가의 지침으로 옳지 않은 것은?

① 체계적이고 객관적이고 정확해야 한다.
② 수퍼바이지가 명확히 이해할 수 있도록 제시한다.
③ 피드백의 유효성에 대하여 설득한다.
④ 사건이 일어난 직후 가능한 빠르게 피드백 하는 것이 좋다.
⑤ 실례를 들어서 피드백한다.

정답 ③

해설 피드백의 유효성에 대하여 설득하기보다 수퍼바이지가 피드백을 통해 알아차림의 수준이 증가하도록 돕는다.

16-08. 다음 사례에 관한 수퍼바이저의 피드백으로 옳지 않은 것은?

> • 주호소 문제: 속이 답답하고 내 속을 알아주는 사람이 아무도 없다. 학교 다니는 것이 재미없다. 뭘 하고 싶은 마음도 없다. 고등학교는 졸업하고 싶다.
> • 상담자 목표: 의사소통 기술 및 관계 기술을 증진시킨다.
> • 내담자 목표: 내가 하고 싶은 것이 무엇인지 찾고, 친구들과 잘 지낸다.

① 상담자가 상담목표를 설정한 이유는 무엇인가요?
② 내담자의 학교적응과 관련된 요인을 탐색하였나요?
③ '내 속을 알아주는 사람이 아무도 없다.'는 것은 친구관계보다는 가족문제이므로 가족관계 개선으로 상담목표를 재설정해야 합니다.
④ '친구 ○○과 마음을 나눌 수 있는 관계를 맺는다. 이를 통해 주변 친구들과 원만히 대인관계를 하는 방법을 익힌다.'처럼 구체적으로 상담목표를 설정해야 합니다.
⑤ 내담자 주호소 문제의 원인이 상담자는 무엇이라고 생각하나요?

정답 ③

해설 '내 속을 알아주는 사람이 아무도 없다.'는 것은 내담자가 친구들에게 이해받지 못하고 있다고 생각하기 때문에 상담목표는 가족보다는 친구관계 개선으로 설정하는 것이 바람직하다.

16-09. 셀프 수퍼비전에서 자기개방 후 자신에게 하는 질문으로 옳지 않은 것은?

① 유능한 상담자로 내담자에게 인식되었는가?
② 가장 간결하게 말한다면 뭐라고 해야 했을까?
③ 개방하지 않았으면 어떤 어려움이 생겼을까?
④ 상담의 초점을 어떻게 다시 내담자에게 돌릴 것인가?
⑤ 지금이 가장 적절한 시점인가?

정답 ①

해설 "유능한 상담자로 내담자에게 인식되었는가?"보다 나의 상담이 내담자에게 도움이 되었는지에 대한 상담기술 및 전략에 대한 유능성을 평가하고, 도움이 되지 못했다고 판단되면 상담능력을 향상시킬 수 있도록 노력을 해야한다.

16-10. 심리검사 수퍼비전에 특별히 주의를 기울여야 하는 이유가 아닌 것은?

① 표준화된 심리검사 수퍼비전의 용이성
② 심리검사와 상담결과 사이의 관련성
③ 상담자가 수행해야할 중요한 역할로서의 심리검사
④ 직무배치 등 현실에 영향을 미치는 검사결과
⑤ 검사결과 및 해석의 다양성

정답 ①

해설 표준화된 심리검사를 사용하는 이유는 내담자의 현재 상태를 표준화된 절차나 해석방법에 의해 객관화 할 수 있기 때문이지, 수퍼비전에 용이하기 때문에 사용하는 것이 아니다.

18-23. 수퍼바이저가 상담수련생에게 지도하고자 하는 상담기법은?

- 내담자의 감정과 내적 경험에 초점을 맞추어 상담을 진행하는 것이 좋을 것 같아요.
- 내담자의 슬픔을 섬세하게 반응 해줄 필요가 있을 것 같아요.
- 내담자의 속마음을 알아주는 반응을 한다면 어떻게 할 수 있을까요?

① 공감　　　　　　　　② 직면
③ 해석　　　　　　　　④ 재진술
⑤ 즉시성

정답 ①

해설 내담자의 감정과 내적 경험에 초점을 맞추는 것은 공감이다.

15-23. 다음은 수퍼바이저의 개입 반응이다. 수퍼바이저가 상담수련생에게 지도하고자 하는 상담기법으로 가장 적절한 것은?

> - 그렇군요. 상담 초반이기 때문에 내담자와 관계형성을 잘 하기 위한 반응이 좋은 것 같아요.
> - 상담자가 내담자의 외로움을 반영해 주는 반응이 필요한 것 같아요.
> - 내담자가 마음을 알아주는 반응을 한다면 어떻게 할 수 있을까요?

① 즉시성　　　　　　② 존중
③ 공감　　　　　　　④ 탐색
⑤ 해석

정답 ③

해설 공감이란 상대방의 관점에서 세계를 보고 타인이 느끼고 있는 감정을 파악하는 것이다.

12-27. 수퍼비전에 관한 개입 기술 중 무엇에 관한 설명인가?

> - 통찰을 촉진하는 것이 목적이다.
> - 자기개방이나 도전의 한 유형이다.
> - 수퍼비전에서 수퍼바이저가 수퍼바이지, 수퍼비전 관계에 대하여 어떻게 느끼고 있는지 말하는 것이다.

① 즉시성　　　　　　② 해석
③ 직면　　　　　　　④ 자기개방
⑤ 공감

정답 ①

해설 즉시성이란 상담하는 과정에서 내담자에게 느껴지는 자신의 감정을 상담자가 표현하는 것이다.
직면이란 상담자가 내담자의 행동, 사고, 감정의 불일치나 모순을 깨닫게 하는 것이다.
해석이란 내담자의 행동과 내면세계의 의미를 상담자가 설명해주는 것이다.
자기개방이란 자신의 사적인 경험을 공개하는 것이다.

18-19. 수퍼바이저의 전문성에 관한 설명으로 옳지 않은 것은?

① 수퍼바이저는 자신의 자격요건을 수련생에게 분명히 밝혀야 한다.
② 대학원 과정에서뿐 아니라 계속교육을 통해서 전문성을 확장해야 한다.
③ 수퍼바이저가 어떤 분야에 전문성이 부족할 때 계속적인 훈련을 받거나 다른 전문가에게 자문을 구한다.
④ 수퍼바이저가 수퍼비전 보고서나 수퍼비전 기록지를 작성하고 보관할 필요가 없다.
⑤ 이론학습, 교육, 실습 등의 경험을 통해 전문성을 향상한다.

정답 ④

해설 수퍼바이지와 수퍼바이저는 수퍼비전 보고서나 수퍼비전 기록지를 작성하고 보관해야 한다.

17-22. 다음 사례에서 수퍼바이저가 우선적으로 확인해야 할 질문으로 적절하지 않은 것은?

> 화장실에서 몰래카메라를 찍다가 걸린 학생이 학교 상담실로 연계되었다. 학생은 이 사건이 주변인에게 알려지거나 처벌 받을 것에 대한 두려움으로 자살하고 싶다고 말했다.

① 구체적인 자살계획을 세웠는지 확인했는가?
② 내담자가 이전에도 몰래카메라 사건으로 처벌 받은 적이 있는가?
③ 과거 내담자의 자살시도 경험을 탐색했는가?
④ 자살방지 서약서를 작성했는가?
⑤ 보호요인 확인을 위해 가족관계를 탐색하였는가?

정답 ②

해설 내담자가 자살에 대해 언급했기 때문에 자살사고, 자살계획, 자살시도 경험에 대해 탐색하고, 자살방지 서약서를 작성하는 등 안전조치를 취한 후, 보호요인을 확인한다.

14-16. 상담자나 수퍼바이저의 자기공개에 관한 설명으로 옳지 않은 것은?

① 자기공개를 통해 모델의 역할을 할 수 있다.
② 우연히 노출된 정보는 의도하지 않은 자기공개이므로 다루지 않는다.
③ 자기공개가 내담자에게 부담을 주고 경계를 흐리게 한다면 피한다.
④ 수퍼바이저는 자기공개의 영향력을 관찰하면서 사용해야 한다.
⑤ 자기공개는 내담자 경험의 일반화, 대안적 사고나 행동의 제시 등 다양한 목적을 가지고 있다.

정답 ②

해설 상담자나 수퍼바이저가 자기공개를 하는 이유는 상담에 도움(라포 및 작업동맹 형성, 수퍼바이지의 발달 촉진)이 되기위함이다. 자기개방의 5가지 영역은 개인적인 자료, 치료 경험, 전문가로서의 경험, 내담자에 대한 수퍼바이지의 반응, 수퍼비전 경험이다.

13-22. 수퍼바이저의 자기개방에 관한 설명으로 옳지 않은 것은?

① 수퍼바이지가 견고한 작업동맹을 인식하는 데 도움이 된다.
② 수퍼바이지의 발달을 촉진하기 위해 사용한다.
③ 자기개방의 5가지 영역은 개인적인 자료, 치료 경험, 전문가로서의 경험, 내담자에 대한 수퍼바이지의 반응, 수퍼비전 경험이다.
④ 수퍼바이저의 수퍼비전 스타일과는 관련이 없다.
⑤ 수퍼바이지의 이슈나 요구와 일치하는지 자문해 보아야 한다.

정답 ④

해설 수퍼바이저의 스타일(정신분석 vs 게슈탈트)에 따라 자기개방을 많이 할 수도 있고 그렇지 않을 수도 있다.

14-15. 수퍼바이저의 기능을 약화시키는 수련생이 행동이 아닌 것은?

① 기관의 규칙과 규제 강화를 약화시키려고 내담자의 요구에 초점을 맞춘다.
② 수퍼바이저로부터 안심시키는 말을 듣기 위해서 자책감을 강조하여 표현한다.
③ 수퍼바이저가 전문적인 지식이나 경험을 갖고 있지 못한 영역에 대해서 자신은 잘 알고 있다고 암시한다.
④ 개인적인 걱정을 드러냄으로써 수퍼바이저 내면의 상담자에게 호소한다.
⑤ 내담자에게 위기가 발생했을 때, 약속된 시간은 아니지만 수퍼비전을 요청한다.

정답 ⑤

해설 자살과 같이 내담자에게 위기상황이 발생하면 급하게 수퍼비전을 요청할 수 있다.

16-03. 일회성 초빙수퍼비전에서 수퍼바이저의 역할 및 태도에 관한 설명으로 옳은 것을 모두 고른 것은?

> ㄱ. 수퍼바이지의 전문성을 평가하는 평가자 역할
> ㄴ. 일회 수퍼비전이므로 수동적으로 참여하는 것이 필요함
> ㄷ. 짧은 시간에 여러 가지 역할 수행이 필요함
> ㄹ. 수퍼바이지의 전문가적 발달수준을 파악해야 함

① ㄱ, ㄷ
② ㄱ, ㄹ
③ ㄱ, ㄷ, ㄹ
④ ㄴ, ㄷ, ㄹ
⑤ ㄱ, ㄴ, ㄷ, ㄹ

정답 ③

해설 일회 수퍼비전이더라도 능동적으로 참여하는 것이 필요하다.

12-07. 상담자 김선생님은 최근 태풍으로 자신의 집이 파괴되어 피해 당사자가 되었다. 그럼에도 불구하고 지역 피해자들을 위하여 상담서비스를 제공해야 하는 상황이다. 김선생님에게 취할 수퍼바이저 행동으로 옳지 않은 것은?

① 관심을 가지고 가까이에서 일상 생활을 살핀다.
② 필요하면 CISD(critical incidence stress debriefing)에 참여하도록 의뢰한다.
③ CISD 운영시 보조지도자로 참석하도록 한다.
④ 적은 수의 사례라도 재난피해자들의 상담을 진행하도록 한다.
⑤ 김선생님에게 피해사건과 그 후 어떻게 지내고 있는지 등을 이야기하게 한다.

정답 ④

해설 김선생님 또한 트라우마 경험을 했을 수 있기 때문에 상담을 진행하지 않는다.

12-01. 수련상담자의 내담자 안녕을 책임지는 수퍼바이저의 행동으로 옳지 않은 것은?

① 수련상담자의 전문성 수준에 맞는 내담자를 선택하게 한다.
② 내담자에게 수퍼바이저 자신에 대한 정보를 제공하도록 한다.
③ 수련상담자가 가능하면 다양하고 많은 내담자를 만나도록 한다.
④ 내담자가 최선의 상담을 받고 있지 않다면 다른 상담자에게 의뢰할 수 있다.
⑤ 내담자에게 수련상담자로서의 신분과 수퍼비전을 받고 있다는 것을 알리도록 한다.

정답 ③

해설 수련생은 상담의 양보다 상담의 질을 우선시해야 한다. 따라서 수련중인 상담자는 자신의 상담실력에 맞는 내담자를 상담해야 한다.

13-18. 자살 시도를 한 청소년 내담자가 부모에게 알리지 말라고 수퍼바이지에게 부탁한 경우 수퍼바이저가 취해야 하는 개입 방법이 아닌 것은?

① 내담자가 부모에게 알리고 싶지 않은 이유를 탐색했는지 확인한다.
② 자살 충동이 있을 경우 긴급하게 연락할 수 있는 연락처를 제공하였는지 알아본다.
③ 내담자에게 사전동의한 내용을 다시 확인시키도록 한다.
④ 즉각적으로 해결책을 제공하여 수퍼바이지를 안심시킨다.
⑤ 수퍼바이지가 속한 조직의 상급자 또는 수퍼바이저에게 보고하도록 한다.

정답 ④

해설 자살시도를 한 청소년의 경우 부모에게 알리지말라고 하면 그 이유를 탐색한다. 비밀보장을 할 수 없음을 확인시킨 후 부모에게 알리도록 권유해야 한다. 또한 자살이 재발하지 않도록 hot line을 연결하고, 조직의 상급 관리자에게 보고한다.

2. 집단수퍼비전

🟦 정의

- 스튜어트 : 전문적인 자아의 변화에 집중하여 이루어지는 학습. 수퍼바이지는 자신의 핵심문제, 즉 대인관계를 맺는 독특한 방식을 드러낸다.
- 패터슨 : 개인수퍼비전을 보완하기 위한 깊은 이해와 지지적인 환경이 발달될 수 있는 학습시간이다.
- 홀로웨이와 존스턴 : 수퍼바이저가 동료 집단 안에서 상담 수련생의 전문적인 발달을 지도 감독하는 과정이다.
- 버나드와 굿이어 : 상담 실습생들이 집단의 상호작용을 통해 서로 돕고 상담자 자신과 내담자 일반적인 상담 서비스 장면을 더 잘 이해하기 위한 목적으로 한 명의 지정된 수퍼바이지와 함께 여러명의 실습생들이 가지는 정기적인 모임이다.
- 유영권 : 상담훈련생 한 개인의 전문적인 성장을 목표로 구조화된 과정에서 상담사례를 통해 상담 훈련생의 상담기술을 향상시키고 심리내적인 인간관계로 인한 상담관계의 장애물을 통찰하도록 하여 투명한 상담자로 성장하도록 돕는 과정이다.

🟦 집단수퍼바이저 역할

① 집단 수퍼비전의 목적을 실현하기 위한 역할과 사례개념화와 대인관계 작업사이에 수퍼비전의 교육목적이 균형감 있게 안배되고, 평가하는지에 대한 점검
② 수퍼비전 발표자료를 준비하지 못할 경우 : 성실성에 문제가 있음
③ 수퍼바이지의 저항을 스스로 볼 수 있도록 도와줌
④ 내담자와 상담자 이슈를 과정화하고 개방하고 수용하도록 도움

🟦 집단수퍼비전의 장점과 단점

장점	단점
• 수퍼바이저는 시간적, 수퍼바이지는 경제적으로 도움 • **자기인식의 현실검증** • 왜곡된 인식과 잘못된 가정의 무력화 • 심리적 안전 제공을 통한 자기패배적 행동 제거에 도움	• 수퍼비전 시간 부족 • 기술 수준의 상이함에 따른 도움을 주지 못함 • 심각한 문제의 수퍼바이지를 못 다룸 • 비밀보장에 대한 염려 • 경쟁과 희생양의 발생

장점	단점
• 안전한 환경에서 새로운 행동 시도 기회 • 적절한 자기노출과 **다양한 피드백 기회** • **다양한 상담양식의 대리학습 기회** • 상호지지와 정서적 지지 및 안전한 환경 • 자율성의 증가와 의존성의 감소 • 집단응집력을 통한 심리적 안정감 제공 • **동료집단들 간에 이루어지는 대화적 성찰**	• 관심과 흥미의 차이에 따른 학습경험부족 • **맞춤형 학습제공과 비밀보장 및 체계적으로 개인적 변화를 향상시키기 어려움**

집단수퍼비전 목표

① 상담에 대한 이론적 개념의 숙달(이론 숙달) : 참고서적을 제시하고 읽어보게 함
② 상담기술을 발달시킴(기술 발전) : 집단과정과 역동을 활용하여 수퍼바이지로 하여금 최소한의 저항으로 스스로를 살펴볼 수 있도록 해 줌으로써 자신의 문제와 이슈 등 패턴을 수정할 수 있도록 도움
③ 상담자 개인적 발달을 향상시킴(개인적 발달) : 집중적인 집단 경험, 정서의 표현과 통합, 지금-여기 과정의 인식
④ 기술 통합은 수퍼비전의 가장 중요한 목표(통합) : 학문적 지식과 임상경험의 통합
⑤ 균형잡힌 평가 : 현실적인 수퍼비전 교육 목표를 설정하여 균형잡힌 평가와 피드백 제공

집단 수퍼비전 단계

① **형성단계** : 라포 형성, 모이는 시간(일주일 1회)을 정함, 정기적인 참가를 구조화, 개인적인 목표를 설정하고 집단과 관련된 행동을 모델링함, 수퍼비전 계약 설정을 함, 집단에 대한 불안의 수용
② **규범단계** : 집단규칙을 설정함, 규칙을 일관성 있게 실현함, 비밀보장의 윤리 고지, 피드백하는 자세(위협적 표현이나 상처주는 말 자제)에 대한 교육, 시간 독점하지 않기, 지각과 결석하지 않기
③ **혼란단계** : 집단원간의 갈등이 드러남, 경쟁과 서열 및 갈등이 드러날때 회피하기보다 안전하게 드러냄으로서 학습의 기회로 삼음
④ **수행단계** : 실제적인 작업이 이루어지는 단계, 응집력이 증가됨, 수퍼바이저의 반응이 감소되고 집단원이나 수퍼바이지의 관계가 활성화 됨

⑤ 종결단계 : 분리와 평가의 단계, 부정적 과정을 직면할 수 있음, 자신의 학습을 실천하도록 돕기

■ 버나드와 굿이어가 제시한 구조화된 집단 수퍼비전 모델(structured group supervision: SGS)의 단계
① 수퍼바이지가 사례제시를 통한 도움을 요청함
② 집단구성원들이 수퍼바이지에게 질문하기
③ 피드백 단계: 집단구성원들이 수퍼바이지의 논점, 문제, 내담자 등을 자신이라면 어떻게 다룰지 이야기할 때 수퍼바이지는 침묵을 지키며 의견이나 제안을 메모함
④ 반응 단계: 집단구성원은 침묵을 지키고 수퍼바이지가 메모한 것을 설명할 때 잘 들어줌
⑤ 토론 단계: 수퍼바이저가 4단계 과정에 대한 논의를 지도함

■ 힐, 찰스와 리드(C. Hill, D. Charles, & K. Reed)의 4단계 상담학생모델(counseling student model)
① 동정심 : 내담자에게 동정적인 관여 및 긍정적인 지지를 통해 내담자의 상태가 좋아지면 긍정적이라고 여김
② 개입방법 모색 : 상담자 입장에서 내담자를 이해하고 개입하기 위한 방법을 모색함
③ 전환 : 상담이론, 내담자, 수퍼바이저에게서 새로운 것을 얻게 되어 한가지 입장의 한계 깨닫기
④ 개인적인 상담양식의 통합 : 상담기법과 이론을 개인의 양식과 결합해 내담자의 피드백을 객관적인 방식으로 받아들임

■ 수퍼비전 사례 발표 준비물
① 축어록을 포함한 사례보고서 : 상담에 대한 간접기록물
② 오디오테이프 또는 비디오테이프 : 상담에 대한 직접기록물

■ 수퍼바이지의 집단 수퍼비전 경험
① 집단 수퍼비전의 도움경험 : 대리학습의 경험, 수퍼바이저의 자각촉진적 질문, 새로운 전문적 가능성을 발견, 정확한 내 모습을 비춰줌, 상담에 방해가 되는 자신의 모습을 발견함, 그룹 관계에서 미해결 문제가 드러남

② 집단수퍼비전의 아쉬움 경험 : 자기중심적 수퍼바이저, 관심 이슈에서 벗어난 수퍼비전, 기대에 미흡한 수퍼비전, 지지가 결여된 수퍼비전, 준비되지 않은 너무 빠른 직면, 무미건조한 기법 위주의 수퍼비전

집단 수퍼비전 유형

① 팀수퍼비전 : 서로 다른 수련을 받은 정신건강 전문가 집단이 함께 일하는 기관에서 사례와 임상적 문제들을 논의하기 위해 사용하는 방식
② 동료수퍼비전 : 같은 상담기관에서 근무하는 동료 또는 비슷한 수련 배경을 지닌 수퍼바이지들의 비공식적인 수퍼비전 모임. 상담에 대한 평가가 없음. 사례를 논의하고 피드백을 주고 받음. 수퍼비전이라기보다 자문의 성격을 띰.

버나드와 굿이어의 동료수퍼비전의 이점과 단점

동료수퍼비전의 이점	동료수퍼비전의 단점
• 동료평가과정으로 윤리적 실수 감소 • 새로운 정보를 전달해주는 교육과 토론의 장 • 진지한 자문을 위한 연속성 제공 • 역전이 문제와 병행과정에 대한 상담자 인식 확장 • 권력자들과의 갈등을 줄임	• 내담자 복지를 위한 최종 책임이 부재 • 동료들 이외에 집단과정을 모니터링 해 줄 사람이 없음 • 친목집단으로 변질될 우려 • 직면의 부족과 도전을 꺼림 • 비형식화되고 평가가 없음

기출 문제

16-12. 집단수퍼비전에 관한 설명으로 옳은 것은?

① 집단수퍼비전에서는 집단역동이 일어남
② 수퍼바이저의 시간 측면에서 비경제적임
③ 개인수퍼비전에서 사용할 수 있는 녹화영상자료 검토 등은 사용할 수 없음
④ 수퍼바이저는 집단과정에 관한 훈련과 경험을 갖추지 않아도 됨
⑤ 개인수퍼비전을 보완하기 위해서만 이루어짐

정답 ①

해설
② 수퍼바이저의 시간 측면에서 경제적임
③ 개인수퍼비전에서 사용할 수 있는 녹화영상자료 검토 등도 사용할 수 있음
④ 수퍼바이저는 집단과정에 관한 훈련과 경험을 갖추어야 함
⑤ 개인수퍼비전을 보완하기 위해서만 이루어지는 것은 아님

15-08. 집단 수퍼비전에 관한 설명으로 옳은 것을 모두 고른 것은?

> 가. 대리학습의 기회를 제공한다.
> 나. 상담수련생들이 다양한 피드백을 받을 수 있다.
> 다. 모든 상담수련생에게 적절한 관심을 제공할 수 있을 정도의 규모여야 한다.

① 가　　　　　　　　② 나
③ 가, 나　　　　　　 ④ 나, 다
⑤ 가, 나, 다

정답 ⑤

해설 집단 수퍼비전은 집단원의 피드백을 통해 대리학습의 기회를 제공하고, 상담수련생들이 서로 피드백을 주고 받을 수 있다. 집단수퍼비전의 규모는 상담수련생들이 적절한 상호작용을 할 수 있는 규모여야 한다.

18-14. 집단 수퍼비전의 장점으로 옳지 않은 것은?

① 초보상담자는 경력이 많은 상담자를 관찰함으로써 학습한다.
② 상담수련생들이 다양한 피드백을 받을 수 있다.
③ 다양한 사례에 대한 학습이 가능하다.
④ 수련생 개개인에 따른 맞춤학습이 가능하다.
⑤ 대리학습의 기회를 제공한다.

정답 ④

해설 개인 수퍼비전은 집단 수퍼비전에 비해 개개인에 따른 맞춤학습이 가능하다.

17-12. 집단수퍼비전의 장점에 해당하지 않는 것은?

① 자기인식을 현실 검증할 수 있는 기회를 제공한다.
② 집단 응집력을 통해 심리적 안정감을 제공해 준다.
③ 안전한 환경에서 새로운 행동을 시도할 수 있는 기회를 갖게 한다.
④ 다른 수퍼바이지의 사례를 통해 다양한 상담개입방법에 대한 이해를 돕는다.
⑤ 참여자 각자의 요구를 충분히 다룰 수 있다.

정답 ⑤

해설 참여자 각자의 요구를 충분히 다룰 수 없음

12-17. 집단 수퍼비전의 장점으로 옳지 않은 것은?

① 수퍼바이저에게는 시간적으로, 수퍼바이지에게는 경제적으로 도움이 된다.
② 대리학습의 기회를 제공한다.
③ 적절한 자기노출과 피드백을 주고 받을 수 있는 기회를 제공한다.
④ 유사한 학습 상황에 있는 동료로부터 정서적 지지를 받을 수 있다.
⑤ 비밀보장에 대한 염려가 없다.

정답 ⑤

해설 집단 수퍼비전은 많은 사람들이 참여하므로 비밀이 보장되지 않을 염려가 있다.

13-06. 집단 수퍼비전의 장점이 아닌 것은?

① 집단구성원이 제공하는 다양한 시각을 갖게 된다.
② 초보상담자는 경력상담자를 관찰함으로써 학습한다.
③ 수련생 개인의 발달수준에 따른 맞춤학습이 가능하다.
④ 집단상담의 요소가 있어 시간이 경과함에 따라 수퍼바이지의 성장에 영향을 미친다.
⑤ 경력상담자는 초보상담자와의 상호작용을 통해 학습한다.

정답 ③

해설 집단 수퍼비전은 수련생 개인의 발달수준에 따른 맞춤학습을 실시하기 어렵다.

14-30. 집단수퍼비전의 한계를 모두 고른 것은?

> 가. 책임전가가 일어날 수 있다.
> 나. 참여수련생들이 사회적 지지원이 될 수 있다.
> 다. 경쟁이나 질투 등의 집단과정이 나타날 수 있다.
> 라. 참여수련생 각자의 요구를 충분히 다룰 수 있다.
> 마. 부정확한 진단이나 사례개념화 등이 집단의 압력에 의해 지지될 수 있다.

① 가, 다　　　　　　　　　② 나, 라
③ 가, 다, 마　　　　　　　 ④ 나, 다, 라
⑤ 다, 라, 마

정답 ③

해설 나. 참여수련생들이 사회적 지지원이 될 수 있다(집단수퍼비전 장점).
라. 참여수련생 각자의 요구를 충분히 다룰 수 없다(집단수퍼비전 단점).

7. 수퍼비전 윤리

1. 수퍼비전 윤리

📘 수퍼비전의 윤리원칙

① **수퍼비전과 내담자의 안녕** : 수련생에게 수퍼바이지의 자격에 대한 정보를 알림. 내담자의 비밀과 사생활보호, 비밀보장의 한계, 누가 상담기록을 볼 수 있는지 알림
② **수퍼비전 관련 능력** : 수퍼비전 방법과 기술에 대한 훈련을 받아야 함. 정기적인 수퍼비전과 교육. 다문화 문제와 다양성 인식
③ **수퍼비전 관계** : 전문적 관계 이외의 사적 관계를 맺지 않음. 성관계 성희롱 금지. 친구와의 수퍼비전 피함
④ **수퍼바이저의 책임** : 수퍼비전 내용, 과정, 평가의 방식이나 결과에 이의제기 방법을 알려줌. 수퍼비전 절차에 대한 정보 제공. 윤리적 전문적 규준 및 법적 책임 인식. 수퍼바이지가 연락을 취하거나 종결할 권리가 있음
⑤ **내담자와 수퍼바이지의 책임** : 타인을 해칠 수 있는 정서적 문제가 있으면 상담 하지 말 것. 내담자에게 수퍼비전으로 인해 비밀보장의 한계를 가질 수 있음을 밝힘. 내담자에게 수퍼비전 허락을 받기
⑥ **수퍼비전의 평가/보수 교육/추천** : 수퍼바이지의 수행을 평가하고 피드백한 것을 기록. 정기적인 평가. 상담자 훈련프로그램 안내. 수퍼바이저는 수퍼바이지를 개인상담 하지 않음
⑦ **상담교육자의 책임** : 상담실습이 들어간 교육과 훈련 프로그램 개발
⑧ **수련생의 복지**
⑨ **수련생 평가/보수교육**
⑩ **상담교육자와 수련생 간의 역할과 관계**
⑪ **상담교육과 훈련에서 다문화/다양성 능력**

📘 수퍼비전 현장에서의 윤리 문제의 사례

- 수퍼바이지가 부적절한 상담서비스를 제공하였는데 수퍼바이지가 이를 인식하지 못해 적절한 조치를 취하지 않음
- 수퍼바이저가 자신의 책임을 다하지 않은 경우가 있음
- 수퍼바이지와 내담자에 대한 수퍼바이저의 책임 간의 균형 유지에 대한 문제

🔷 의료보호 체계에서 흔히 드러나는 윤리적 딜레마의 4가지 영역
- 사전동의, 비밀보장, 내담자 유기, 기록검토

🔷 상담에서의 사전동의(informed consent)
- 사전동의란 개인의 자기결정과 자율성의 권리를 보장하기 위한 것으로 내담자가 상담에 동의하기 전에 들어야 할 설명
① 상담을 통해 얻게 될 긍정적인 효과와 부정적인 영향
② 사전동의 내용 : 상담계약, 상담목표, 상담진행 기간과 장소, 상담방식, 상담자와 내담자의 책임, 상담윤리)
③ 자신이 도움 받기를 원하는 부분에 대해 상담자가 제공할 수 있는 상담활동과 그 대신에 선택할 수 있는 대안에 대한 설명을 함
④ 상담자의 자격에 대해 내담자에게 알림
⑤ 내담자에 대한 책임 : 수퍼비전을 받을 경우 녹음 및 수퍼비전 사항을 알림

🔷 수퍼비전에서의 사전동의(informed consent)
① 사전동의의 내용 : 수퍼비전에 계약, 수퍼비전 목표, 수퍼비전 진행시간과 장소, 수퍼비전 진행방식, 수퍼비전 평가, 수퍼바이저와 수퍼바이지의 역할과 책임, 수퍼비전 절차, 수퍼비전 윤리
② 수퍼바이지와의 사전동의는 계약의 의미를 지님
③ 누가 수퍼비전을 하는지에 대해 내담자에게 알림
④ 수퍼바이지(상담자)의 자격에 대해 내담자에게 알림
⑤ 수퍼비전이 언제 진행되는지에 대해 사전에 내담자에게 알림
⑥ 사전동의는 수퍼바이지의 불안을 덜어주는 효과가 있음

🔷 수퍼비전에서의 비밀보장과 사생활 보호
- 내담자 정보에 대한 비밀 유지
- 수퍼바이지에 대한 비밀보장
- 수퍼비전에서 경고의 의무(타라소프 사례)
- 수퍼비전에서 신고의 의무(아동학대와 방치, 미성년자 성폭행, 전염병)

🔹 수퍼비전에서의 이중관계
- 다중관계
- 성적인 관계
- 비성적 친분관계 : 수퍼바이저와 수퍼바이지의 상담자와 내담자 관계
- 관계의 경계와 힘의 사용

2. 키치너의 상담자 윤리원칙과 윤리적 의사결정모델

🔹 이론 및 철학에 기초한 윤리적 의사결정모델
- 해어(Hare)는 도덕적 사고에 관한 자신의 철학적 논의를 의학윤리에 적용함
- 해어(Hare)의 절대주의적 사고와 공리주의적 사고의 비교
① **절대주의 사고** : 절대적인 권리와 의무를 고려하여 판단을 내리는 것
② **공리주의적 사고** : 다수의 이익을 고려하여 최선의 결정을 내리는 것
  - 해어는 도덕적 사고는 직관적 차원과 비판적 차원이 있다고 했고, 키치너는 도덕적 사고를 직관적 차원과 비판적-평가적 차원으로 구분함
  - 키치너의 모델 : 해어의 이론에 영향을 받아 상담자를 위한 윤리적 의사결정모델을 최초로 제시함

🔹 키치너의 상담자 윤리원칙
① **자율성** : 내담자가 자신의 삶의 방향을 스스로 선택하고 자발적으로 의사결정을 하는 것. 개인의 자유와 존엄성에 대한 존중
② **비유해성/비해악성** : 내담자에게 해롭거나 고통을 줄 수 있는 행동을 피하는 것
③ **선의/덕행/복지성** : 내담자들이 속한 사회와 문화권 안에서 성장하고 발전하는데 기여하도록 하는 것. 내담자에게 진정한 도움이 되도록 의무를 다하는 것
④ **공정성** : 내담자의 나이, 성별, 인종, 재정상태, 문화적 배경, 종교, 등 다양한 배경을 가진 사람들에게 편향되지 않고 동등한 수준의 서비스를 제공하는 것
⑤ **충실성/성실성** : 내담자에게 정성을 다하고 내담자와 한 약속을 지키기 위해 책임을 다 하는 것

🔲 키치너의 윤리적 의사결정모델

① 상담의 윤리적 측면에 대한 민감한 반응
② 사례와 관련된 사실과 이해 당사자 구체화
③ 갈등 상황에서 핵심 문제와 가능한 대안 정의
④ 전문가 윤리 기준과 간련 법률 및 규정 참조
⑤ 관련 윤리학 문헌 탐색
⑥ 기본적인 윤리 원칙과 이론의 상황 적용
⑦ 수퍼바이저나 동료로부터의 자문
⑧ 심사숙고 이후의 결정
⑨ 관련자들에게 알린 뒤 결정 내용 실행
⑩ 실행내용의 반성

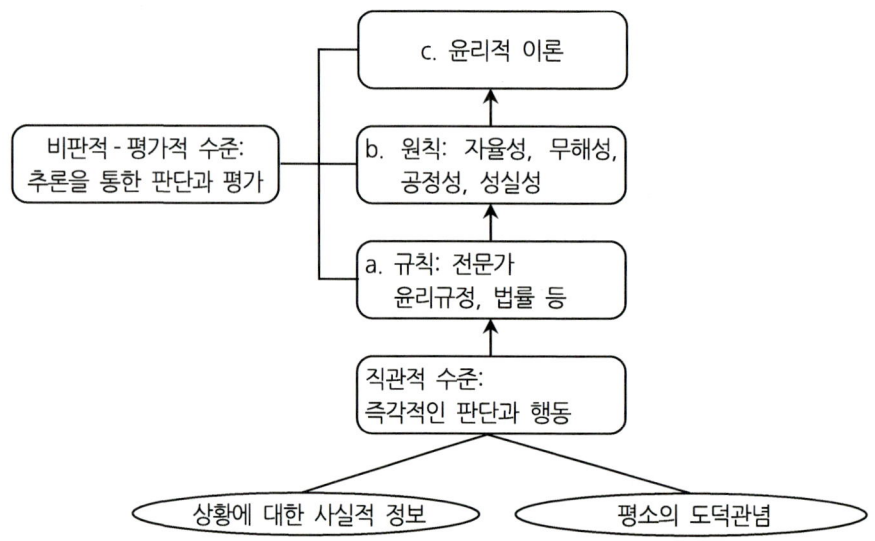

[그림 1]. Kitchener(1984)의 윤리적 의사결정모델

🔲 코리, 코리와 캘러넌(G. Corey, M. Corey, & P. Callanan)의 윤리적 의사결정 과정

- **윤리적 의사결정과정은** 수퍼비전 상황에서 윤리적 결정을 내려야 할 경우의 절차를 말함
① 문제 혹은 딜레마(갈등) 찾기 : 상황을 설명해 줄 수 있는 모든 정보를 가능한 많이 수집함

② 관련된 잠재적 문제 찾기 : 중요한 사안을 목록화하고 기술하되 불필요한 것들을 정리함
③ 관련된 윤리지침 검토 : 학회 윤리 강령을 확인함
④ 적용 가능한 법과 규정 알기 : 윤리적 갈등 상황에서 적용 가능한 관련 법규에 대한 최신 정보를 습득함
⑤ 자문 구하기 : 문제에 대한 다른 관점을 얻기 위해 동료에게 자문을 구함
⑥ 가능한 행동적 조치과정을 고려하기
⑦ 다양한 결정의 결과에 대해 숙고하기 : 여러 가지 가능한 조치를 고려할 때 내담자, 수퍼바이지 및 다른 전문가들과 브레인스토밍을 함
⑧ 최선의 조치 선택하기

Cottone의 사회구성주의 의사결정모델에서 제시하는 윤리적 딜레마 대처과정 순서 : 정보수집, 평가, 자문, 협의, 합의

① 관련자들로부터 **정보 수집**
② 당시에 작용했던 관계의 본질을 **평가**
③ 윤리규정과 관련 자료를 포함하여 유능한 동료와 전문가들에게 **자문구하기**
④ 불일치가 발생하면 **협의**를 거침
⑤ 기대하는 성과나 실제 나타난 결과에 따라 **합의**에 이르는 방식으로 대응

Silleo와 Kopala의 윤리적 딜레마에서 사용할 수 있는 ABCDE 작업표

① A 평가
② B 이득
③ C 결과와 자문
④ D 의무
⑤ E 교육

Beauchamp의 생명윤리에 관한 논의에서 윤리적 갈등상황을 다루기 위한 방법

① 윤리적 쟁점상황과 관련된 객관적 정보를 수집한다.
② 용어에 대한 명확한 개념을 제시한다.
③ 윤리규정을 적용한다.
④ 사례와 반례를 체계적으로 활용한다.
⑤ 논의 과정에 결함과 모순, 오류 등이 내포되어 있는지 분석한다.

루이스(Lewis)의 9단계 결정원칙적 모형을 토대로 한 윤리적 판단 3단계 모형

① 1단계 : 공리주의적 관점에서 윤리규정이나 윤리적 원칙을 토대로 대안을 제시한다.
② 2단계 : 1단계에서 제시된 안을 덕윤리(의무론)적 관점에서 평가하고 채택한다.
  - 공리적 관점에서 채택된 대안이 의무론적 관점에서도 정당한가를 평가한다.
  - 정당할 경우 이를 실천 대안으로 수용한다.
③ 3단계: 공리주의적 접근과 의무론적 접근이 충돌할 경우 의무론적 접근을 통해 도출된 대안을 선택한다.
④ 의무론적 관점에서 정당하지는 않으나 의무론적 관점에서 제시된 대안과 모순되지 않는다면 공리적 관점에서 채택된 대안을 선택한다.
⑤ 공리적 관점에서 채택된 대안이 의무론적 관점에서 채택된 대안과 모순될 경우에는 의무론적 대안을 채택하다.
⑥ 적절한 자료나 정보의 부족으로 공리적 대안이 미흡할 경우에는 의무론적 대안을 채택한다.
⑦ 정보부족으로 공리적 대안이나 의무론적 대안 모두 미흡할 경우에는 의무론적 대안을 채택한다.
⑧ 의무론적 대안이 선택되었을 경우 그것에 따라 행해야 할 세부적인 의무 사이의 갈등이 있는 경우 세부적인 사항에 대해서도 의무론적인 접근을 통해 우선순위를 정한다.
⑨ 세부사항의 우선순위에 따라 최종적인 실천대안을 정한다.

콜버그의 도덕적 행동을 결정하는 4요소 모델

① 도덕적 감수성 : 자신의 행동이 타인에게 미치는 영향을 인식하는 민감성
② 도덕적 판단 : 어떤 행동이 도덕적으로 더 정당한지를 판단하는 판단력
③ 도덕적 동기화 : 다른 가치들보다 도덕적 가치를 우선시하는 의사결정
④ 도덕적 품성 : 결정한 사항을 과감하게 행동으로 옮기는 자아강도

3. 수퍼바이저의 윤리

🔹 수퍼바이저의 3가지 전문성

① 상담영역에서의 전문성
② 수퍼비전에 대한 전문성
③ 윤리적 지식과 행동

🔹 수퍼바이저가 수련생에게 알려야 할 정보

① 수퍼비전의 형태, 할애되는 시간, 수퍼바이저의 이론적 배경
② 수퍼비전을 위해 수련생이 작성해야 할 서류
③ 수퍼바이저에게 기대되는 행동과 태도
④ 상담자로서 적합한지에 대한 평가
⑤ 이중관계(우정, 성관계, 개인상담을 제공하는 것) 금지

🔹 수퍼바이저가 책임져야 할 역할(미국 상담자 교육과 수련감독 학회)

• 내담자 보호(복지)와 수련자의 전문적인 능력 향상
① 내담자의 안녕 점검
② 수련자의 법적·윤리적 기준준수 독려
③ 수련자의 상담수행과 전문적 발달 점검
④ 상담공부에 대한 평가 및 상담자로서의 적격여부 판단
⑤ 수련자의 현재 수행과 잠재적 평가와 인증(상담자 선발, 배치, 고용, 자격증명 등의 목적을 위해)

🔹 수퍼바이저의 전문성의 3가지 종류

① 상담영역에서의 전문성
② 수퍼비전에 대한 전문성
③ 윤리적 지식과 행동

🔹 수퍼바이저와 수련생 간의 윤리

① 비밀보장과 사생활 보호
  - 내담자 정보에 대한 비밀 유지
  - 수련자에 대한 비밀보장

- 경고의 의무(타라소프 사례)

> 캘리포니아주 버클리대학의 상담소의 내담자인 포다르는 자신의 여자친구를 죽일 계획을 상담자에게 이야기하였다. 상담자는 학교 경찰을 불러 이 사실을 말하고 감시를 부탁했으나 구체적인 증거가 없어 그를 놓아주었다. 이때 상담자는 학교 경찰 책임자에게 협조를 요청하는 편지를 보내고 이 상황을 수퍼바이저에게 이야기했다. 그러나 수퍼바이저는 경찰에게 보낸 편지를 회수하고 상담기록을 없애도록 했으며 더 이상 그 일에 관여하지 말라고 요구했다. 2개월 후 포다르는 여자친구 타라소프를 살해했다. 그녀의 부모는 상담자가 의도된 희생자에 대한 위협을 알려주지 않았다는 이유로 소송을 하였다.

- 신고의 의무(아동학대와 방치, 미성년자 성폭행, 전염 가능 질병, 범죄행위)
② **사전동의**(개인의 자기결정과 자율성의 권리를 보장하기 위한 것)
- 내담자에 대한 책임(녹음 및 수퍼비전 사항을 알림)
- 수퍼바이지에 대한 책임(수퍼비전에 계약, 수퍼비전 목표, 진행시간과 장소, 진행방식, 평가, 역할과 책임, 수퍼비전 절차, 수퍼비전 윤리 관련 사항에 대한 사전 동의)
③ 수퍼바이저의 전문적 역량
- 상담에 대한 전문성
- 수퍼비전에 대한 전문성
④ 수퍼비전 관계
- 다중관계
- 성적인 관계
- 비성적 친분관계
- 관계의 경계와 힘의 사용
⑤ 정당한 절차
- 훈련 과정과 평가에 대한 안내

수퍼바이저의 책임

① 수퍼바이지의 행동에 대해 법적, 윤리적 책임이 있음을 인식하라.
② 수퍼바이지가 치료하고 있는 모든 사례와 내담자에 관해서 파악하라.
③ 수퍼바이지에게 수행에 관해서 피드백과 평가를 제공하라.
④ 수퍼바이지의 행동과 의사결정을 점검하라.
⑤ 수퍼비전 회기내용을 문서화 하라.

⑥ 자신의 전문영역 내에서만 수퍼비전하고 추가적 자문이 필요한 경우 다른 수퍼바이저에게 의뢰하라.
⑦ 수퍼바이지에게 적법절차에 대한 정보를 제공하라.
⑧ 서면계약서에 수퍼비전 범위와 기대에 관한 내용을 포함하라.
⑨ 수퍼바이지의 개인적 발달에 관해서 점검하라.
⑩ 효율적인 문제해결 기술에 대해서 모범을 보여주라.
⑪ 윤리적 지식과 행동을 향상시켜라.
⑫ 수퍼바이지의 내담자의 개인적, 문화적 차이를 이해하고, 효율적으로 다룰 수 있는 지식과 기술을 향상하라.
⑬ 수퍼바이지에게 의료보호체계에서의 중요한 윤리적 사안에 관해서 교육시켜라.

4. 수퍼비전 활동에 있어서 법적원칙

- 표준치료 : 특정상황에서 특정 전문가 집단에게 주어지는 표준적인 기대활동
- 법적책임 : 법에 명시된 것으로 부과되는 처벌에 대해 구체적으로 명문화된 기준
- 배임 : 적절한 표준치료 준수에 실패한 경우

치료사고 소송 시 성립해야할 4가지 요소

① 수퍼바이지나 수퍼바이저 사이의 전문적 관계가 존재 할 것
② 수퍼바이지나 수퍼바이저가 배임 혹은 부적절한 방식으로 행동했거나 표준치료 과정에서 벗어났을 것
③ 수퍼바이지나 내담자가 주장하는 충격이나 손상과 배임 또는 책임불이행의 인과관계가 성립할 것
④ 수퍼바이지나 내담자가 해나 손상을 입어 고통을 당하되 그것이 입증될 것
 - 배임책임 : 약속된 표준치료를 제공하지 못한 경우
 - 대리책임 : 지휘감독 대상의 행동에 대해 대신 책임지는 것
 - 비밀보장 권한 : 개인으로 하여금 비밀보장하에 전문가와 대화할 수 있도록하는 권한
 - 경고의무 : 자신의 내담자가 타인에게 심각한 폭력행사할 것에 대해 치료자가 제삼자에게 경고하고 보호할 의무
 - 보호의무 : 치료자가 자살의도를 지닌 내담자를 위해 필요한 조치를 취할 의무
 - 보고의무 : 아동 또는 노인학대가 있거나 의심될 때 치료자가 적절한 방식으로 이에 대해 보고할 의무

🔲 능력이 부족한 수련생에 대한 조치사항

① 수련을 중단하는 경우 그 이유에 대해 서면으로 기술한다.
② 역기능적인 대인관계 행동에 대한 조치를 고려한다.
③ 수퍼바이저는 성격장애를 가진 수련생을 위한 조치를 취할 윤리적 책임이 있다.
④ 수퍼비전 횟수의 증가, 실습 또는 인턴십 반복 등 문제 교정을 위한 조치를 취해야 한다.
⑤ 능력이 부족한 수련생에 대한 조치가 모두 실패한 경우, 마지막 조치는 수련 프로그램에서 배제하는 것이다.

기출 문제

16-18. 상담 중에 있는 내담자가 자살한 사례의 수퍼비전에서 수퍼바이저의 행동으로 옳지 않은 것은?

① 수퍼바이지가 자신의 개인적 반응을 효과적으로 관리할 수 있도록 돕는다.
② 수퍼바이지가 속한 기관 차원에서 해야 할 책임을 이행하도록 돕는다.
③ 상담자들이 이런 일에 대하여 필요 이상의 책임을 지려는 현상이 자주 발생한다는 사실을 수퍼바이지에게 알린다.
④ 수퍼바이지가 먼저 책임감으로부터 빨리 벗어나도록 돕는다.
⑤ 수퍼바이지가 자신의 생각과 감정을 표현할 수 있는 기회를 제공한다.

정답 ④

해설 수퍼바이지가 먼저 책임감으로부터 빨리 벗어나도록 돕기보다 스스로 이 문제를 수용하고 해결할 수 있도록 돕는다.

16-17. 미성년자를 상담할 때 윤리적 문제가 발생할 수 있는 행위를 모두 고른 것은?

> ㄱ. 음식이나 선물을 사주는 행위
> ㄴ. 통제가 되지 않는 내담자를 강하게 붙잡는 행위
> ㄷ. 친분이 있는 사람의 부탁을 받고 그 사람의 자녀를 상담하는 행위

① ㄱ
② ㄴ
③ ㄱ, ㄷ
④ ㄴ, ㄷ
⑤ ㄱ, ㄴ, ㄷ

정답 ⑤

해설 행동화하는 내담자를 강하게 붙잡을 경우 이에 대한 거부감으로 위험한 행동을 할 수 있으므로 주변의 도움을 요청해 내담자의 안전을 먼저 확보한다.

16-13. 상담자의 역전이 때문에 내담자의 호소문제인 관계 문제가 악화되어 비윤리적이라고 평가되었을 때 적용된 윤리적 가치는?

① 충실성(fidelity)
② 정직(integrity)
③ 비해악성(nonmaleficence)
④ 공정성(justice)
⑤ 자율성(autonomy)

정답 ③

해설 상담자의 역전이가 내담자에게 해를 미치기 때문에 정답은 비해악성이다.

16-14. 하스(L. Haas)와 말로프(J. Malouf)가 제안한 '윤리적 결정을 위한 논리적 배경'으로 옳은 것을 모두 고른 것은?

ㄱ. 윤리적 원칙에 입각하였다.
ㄴ. 내담자에게 결국 도움이 되었다.
ㄷ. 매우 보편적 결정이었다.
ㄹ. 다른 대안이 없었다.

① ㄱ, ㄴ
② ㄱ, ㄹ
③ ㄷ, ㄹ
④ ㄱ, ㄴ, ㄷ
⑤ ㄱ, ㄴ, ㄷ, ㄹ

정답 ④

해설 다른 대안이 없다고 해서 윤리적 결정을 내리기 위한 노력을 멈추면 안된다.

18-07. 자해를 시도하는 청소년 내담자의 사례를 지도할 때 수퍼바이지가 주목해야 할 위험신호를 모두 고른 것은?

ㄱ. 언어적 호소	ㄴ. 부모의 방치
ㄷ. 무기력과 두려움	ㄹ. 학교폭력 피해 사실

① ㄱ, ㄴ ② ㄷ, ㄹ ③ ㄱ, ㄴ, ㄷ
④ ㄱ, ㄴ, ㄹ ⑤ ㄱ, ㄴ, ㄷ, ㄹ

정답 ⑤

해설 자해를 시도하는 청소년은 언어적 신호(힘들다, 죽고 싶다), 정서적 신호(우울, 불안, 무기력, 분노), 환경적 신호(학교폭력 피해사실, 부모의 방치나 학대, 성폭력, 급우들의 따돌림)에 주목해야 한다.

16-15. 다음은 집단상담 초기에 이루어진 구조화의 내용이다. 상담 윤리적 측면에서 옳지 않은 것은?

"안녕하십니까? ㄱ. 저는 집단상담전문가 김철수입니다. ㄴ. 이 집단상담은 대인관계 개선에 목적이 있습니다. ㄷ. 여러분은 자신의 대인관계 특성을 탐색하고, 여기서 배운 것들을 일상생활에 적용해보시기 권합니다. 또한 ㄹ. 머뭇거리지 말고 즉각적으로 결정하여 실천하시길 권합니다. ㅁ. 당부 드리는 것은 집단상담이 진행되는 동안에는 술이나 불법 약물을 복용하시면 절대 안 된다는 것입니다."

① ㄱ ② ㄴ
③ ㄷ ④ ㄹ
⑤ ㅁ

정답 ④

해설 ㄹ. "머뭇거리지 말고 즉각적으로 결정하여 실천하시길 권합니다."라고 재촉하면 안된다. 사회는 집단원처럼 내담자에게 수용적이지 않기 때문에 위험한 결과가 초래될 수 있다.

17-09. 캐롤(M. Carroll)이 제시하는 수퍼바이저의 윤리적 결정단계의 순서로 옳은 것은?

> ㄱ. 도덕적인 행동 결정 실행하기 ㄴ. 윤리적 민감성 촉진하기
> ㄷ. 도덕적인 행동 구체화하기 ㄹ. 윤리적 결정의 애매모호함 견디기

① ㄱ→ㄴ→ㄷ→ㄹ
② ㄴ→ㄷ→ㄹ→ㄱ
③ ㄴ→ㄷ→ㄱ→ㄹ
④ ㄹ→ㄷ→ㄱ→ㄴ
⑤ ㄹ→ㄷ→ㄴ→ㄱ

정답 ③

해설 윤리적 민감성 촉진하기 → 도덕적인 행동 구체화하기 → 도덕적인 행동 결정 실행하기 → 윤리적 결정의 애매모호함 견디기

18-04. 키치너(K. Kitchener)의 윤리적 의사결정 원칙 중 수퍼바이저가 위반한 사항을 순서대로 나열한 것은?

> ㄱ: 집단 수퍼비전 장면에서 수퍼바이저가 자신의 관심 주제를 다루는 수퍼바이지에게 집중하기 위해 다른 수퍼바이지들의 수퍼비전 시간을 줄여 불만을 초래했다.
> ㄴ: 수퍼바이저는 자신이 선호하는 이론으로 수퍼바이지가 모든 사례에 대해 사례 개념화 하도록 요구하고 과제 수행 여부를 확인한다.

① ㄱ: 충실성(fidelity), ㄴ: 선의(beneficence)
② ㄱ: 충실성(fidelity), ㄴ: 무해성(nonmaleficence)
③ ㄱ: 무해성(nonmaleficence), ㄴ: 자율성 존중(respect for autonomy)
④ ㄱ: 공정성(justice), ㄴ: 선의(beneficence)
⑤ ㄱ: 공정성(justice), ㄴ: 자율성 존중(respect for autonomy)

정답 ⑤

해설 ㄱ: 모든 수퍼바이지들에게 수퍼비전 시간을 공정하게 안배해야한다.
ㄴ: 수퍼바이저가 자신이 선호하는 이론을 수퍼바이지에게 요구하는 것은 수퍼바이지의 자율성을 침해하는 것이다.

18-05. 다음 성찰일지에서 수퍼바이지가 수퍼비전 관계에 대해 인식하고 있는 어려움을 모두 고른 것은?

> 오늘 수퍼비전 회기가 끝난 후에 매우 혼란스러웠다. 논문 심사위원 중 한 분이 바로 수퍼바이저인 김박사님이다. 그 동안은 주로 사례에 대해 의논하고 지도를 받았지만, 오늘은 수퍼비전이 끝난 후 논문 진행에 대해 말씀을 드려야 할지 고민하게 되었다. 상담 진행도 잘 못하고 있는데, 논문 심사까지 받아야 하니 김박사님 앞에서 어떻게 행동해야 할지 너무 어렵다. 평소에도 매우 엄격하신 분인데, 여러 면에서 나에 대한 평가가 좋지 않을까봐 걱정이다. 그런데 진행 중인 수퍼비전을 그만 둘 수도 없을 것 같다.

ㄱ. 불안과 혼란	ㄴ. 평가에 대한 두려움
ㄷ. 이중관계에 대한 혼란	ㄹ. 삼각관계에 대한 혼란

① ㄱ, ㄴ 　　　　　　　　　② ㄴ, ㄹ
③ ㄷ, ㄹ 　　　　　　　　　④ ㄱ, ㄴ, ㄷ
⑤ ㄴ, ㄷ, ㄹ

정답 ④

해설 ㄱ. 수퍼바이저와 지도교사 사이에서의 평가에 대한 불안과 이중관계에 대한 혼란
　　　 ㄴ. 여러 면에서 나에 대한 평가가 좋지 않을까봐 걱정: 평가에 대한 두려움
　　　 ㄷ. 수퍼바이저인 김박사는 논문심사위원 중 한분이다: 이중관계에 대한 혼란

17-10. 수퍼바이저와 수퍼바이지의 관계에 관한 설명으로 옳은 것을 모두 고른 것은?

> ㄱ. 다중관계를 금지하는 이유는 잠재적 갈등을 최소화하기 위함이다.
> ㄴ. 수퍼바이저는 수퍼바이지와 성적 관계를 맺어서는 안 된다.
> ㄷ. 수퍼비전 관계를 위태롭게 할 수 있는 사적 관계를 맺어서는 안 된다.

① ㄴ 　　　　　　　　　② ㄷ
③ ㄱ, ㄴ 　　　　　　　　④ ㄴ, ㄷ
⑤ ㄱ, ㄴ, ㄷ

정답 ⑤

해설 수퍼바이저는 수퍼바이지와 다중관계, 성적관계, 사적관계를 맺어서는 안된다.

16-16. 수퍼비전의 적법 절차(due process)에 포함되지 않는 것은?

① 수퍼바이지에게 수행에 대한 명확한 기대를 제공한다.
② 수퍼바이지에게 언제, 어떤 방식으로 평가가 이루어지는지를 알린다.
③ 수퍼바이지가 합의한 목표에 도달하지 못하더라도 수련 중이기 때문에 불리한 조치가 행해지지 않음을 알린다.
④ 수퍼바이지가 적절하지 못한 행동을 했을 때 다루어지는 과정을 알린다.
⑤ 수행이 미진할 때 수퍼바이지가 자기 입장을 피력할 수 있는 권리가 있음을 알린다.

정답 ③

해설 수퍼바이지가 합의한 목표에 도달하지 못할 경우, 추천서를 제공할 수 없는 등 불리한 조치가 행해질 수 있음을 알린다.

16-19. 내담자의 실제 혹은 예상되는 감정과 유사한 감정을 경험한 상담자에게 이차스트레스 장애가 발생하였다. 이 과정을 설명하는 개념은?

① 반동형성　　　　　② 감정 전염
③ 전이　　　　　　　④ 복합 외상
⑤ 구성주의적 과정

정답 ②

해설 내담자의 실제 혹은 예상되는 감정과 유사한 감정을 경험하는 것을 감정전염이라고 한다.

17-11. 사례에서 상담자를 수퍼비전 할 때 수퍼바이저가 어떤 작업을 해야 하는지 옳은 것을 모두 고른 것은?

> 〈사 례〉
>
> 수퍼바이저 L은 작은 시골 도시에서 자격증을 소지한 유일한 상담자이다. 수퍼바이저 L은 내담자 A를 상담하고 있는 초보상담자 T를 수퍼비전하고 있다. 내담자 A는 섭식장애가 있고 불안할 때는 자신의 손목을 긋는 행동을 한다. 상담자 T는 수퍼바이저와 내담자에게 자신은 섭식장애와 자해행위에 대한 상담 경험이 없고 이와 관련한 훈련도 받지 못했다는 것을 인정하였다. 상담자 T는 경험 많은 상담자에게 내담자 A를 의뢰하기를 원했다. 하지만 내담자 A는 상담자 T하고만 상담하기를 원했다.

> ㄱ. 내담자 A를 경험 많은 상담자에게 적극적으로 의뢰하려고 했는지 확인한다.
> ㄴ. 상담자 T하고만 상담을 원하는 이유가 무엇인지 살펴보면서 전이가 발생했는지 탐색한다.
> ㄷ. 전이가 발생했다면 상담자에 대한 심리치료를 실시한다.
> ㄹ. 내담자 A가 상담자 T와 상담을 할 경우 부작용에 대해서 내담자 A에게 알려주도록 한다.

① ㄱ
② ㄱ, ㄴ
③ ㄱ, ㄴ, ㄷ
④ ㄱ, ㄴ, ㄹ
⑤ ㄴ, ㄷ, ㄹ

정답 ④

해설 정신분석에서는 내담자가 상담자와의 관계에서 전이가 발생했다면 치료에 이용한다. 따라서 내담자A가 상담자T와만 상담하려고 하는 역동을 분석한다.

16-25. 수퍼비전 계약서나 구조화에 포함될 수 있는 항목을 모두 고른 것은?

> ㄱ. 수퍼바이지 평가 및 방법
> ㄴ. 수퍼바이저의 의무와 책임
> ㄷ. 수퍼바이지의 의무와 책임
> ㄹ. 수퍼바이저의 전문적 훈련 배경

① ㄱ
② ㄴ, ㄷ
③ ㄴ, ㄹ
④ ㄱ, ㄴ, ㄷ
⑤ ㄱ, ㄴ, ㄷ, ㄹ

정답 ⑤

해설 수퍼비전 계약서의 내용은 수퍼바이저와 수퍼바이지의 의무와 책임, 수퍼바이저의 전문적 훈련 배경 및 자격사항, 수퍼비전 형태, 수퍼비전 목표, 응급상황 시 대처, 비밀보장, 등이다.

14-29. 다음의 상담자가 준수하는 상담목표 수립의 원칙은?

> 내담자: 지금까지 딸과의 관계에 대해 전부 말씀드렸는데요, 이제 제가 어떻게 해야 할까요?
> 상담자: 당신이 무엇을 원하는지 다 말했다고 생각하는데요.
> 내담자: 그래도 선생님은 전문가시니까 제게 꼭 필요한 것을 얘기해주실 수 있지 않을까요?
> 상담자: 당신이 하고 싶은 것은 무엇이지요?

① 구체적으로 정한다.
② 현실적으로 정한다.
③ 내담자가 스스로 정하게 한다.
④ 목표 달성의 방해요인에 대처한다.
⑤ 긍정적인 방향으로 정한다.

정답 ③

해설 당신이 하고 싶은 것은 무엇이지요?라는 자율성에 대한 질문을 함으로써 상담자에 대한 의존을 줄이고 내담자가 스스로 문제해결의 주체가 되도록 한다.

8 수퍼비전 평가

1. 수퍼바이지 역량

■ 수련생이 습득해야 할 5가지 역량(Overholser & Fine)
① 사실에 입각한 지식
② 일반적인 임상 기술
③ 이론에 근거한-특정 기법적 기술
④ 임상적 판단
⑤ 대인관계적 특성

■ APA가 인정한 수련생의 8가지 역량(Robiner)
① **효과적인 대인관계 기능**
② 올바른 전문적 판단을 내리는 능력
③ 다른 상황, 문제, 그리고 내담자 특성의 요구를 맞추기 위해 기본적인 평가와 개입기술을 확장하고 확대하는 능력
④ 상담실제에 윤리적이고 합법적인 원칙을 적용시키는 능력
⑤ 명백하게 다른 특성을 지닌 내담자에게 적절하게 평가하고 개입하는 능력
⑥ **심리학자로서 근본적인 전문가적 정체성의 발달 정도**
⑦ 개인의 강점과 한계에 대한 지속적인 수퍼비전과 자문, 교육에 대한 필요성 인식
⑧ 전문실습 훈련을 시작하고 선택하는 준비도

■ 수련생의 자기보호 전략 영역
① **전문성 측면** : 지속적 교육, 자문과 수련감독, **상담자들 간 연결망의 형성**, 스트레스 관리 전략
② **개인적 측면** : 운동과 같은 건강한 개인 습관, 친밀한 관계에 대한 관심, 여가 활동, 명상과 호흡 조절과 같은 이완과 집중, **자기탐색 및 인식**

🟦 상담에 영향을 미치는 수련생의 역량 부족

① 기술적 역량 부족 : 상담 기술이나 능력 부족으로 상담자의 역할과 기능을 수행할 능력 부족
② 인지적 역량 부족 : 정보를 처리하고 평가하고 실행하는 능력 부족
③ 정서적 역량 부족 : 공감적으로 반응하거나 자신의 감정을 조절하는 능력 부족
④ **개인적 스트레스로 인한 상담자 소진**
⑤ 직무태만과 직무상 과실로 인한 상담 능력 상실

🟦 수련생의 개인적 성품 9가지

① 개방성
② 유연성
③ 긍정적 태도
④ 협동성
⑤ 피드백을 수용하고 활용하는 성향
⑥ 자신이 타인에게 미치는 영향에 대한 자각
⑦ 개인적 책임의 수용
⑧ 갈등을 다루는 능력
⑨ 적절한 감정표현

2. 수퍼비전 평가

🔵 수퍼비전 평가의 4가지 목표
① 수퍼바이지의 발달촉진
② 내담자의 복지 보호
③ 전문직의 문지기
④ 수퍼바이지를 독립적인 전문가로 양성함

🔵 수퍼비전 평가수행을 위한 지침

• 수퍼바이저가 **평가의 목표, 기준, 과정**에 대해 명료한 생각을 가지고 있고, 이러한 생각을 **수퍼비전 초기나 수퍼비전 계약** 때 명확히 전달함
① **평가는 지속적으로 이루어질 때 가장 효과적임**
② 수퍼비전 중 수차례에 걸쳐 정기적이며, **비형식적 방식으로** 평가하는 것이 좋음
③ 수퍼바이지의 강점과 **결점에 대한 평가**를 골고루 제시 할 것
④ 수퍼바이지가 **평가에 대해 저항**이 있을 경우 학습과정 중 하나임을 자각하도록 도울 것
⑤ **평가를 자주하여** 수퍼바이지가 자신의 진전과정과 개선의 필요성을 자각하도록 도울 것
⑥ 결점을 교정할 수 있는 **충분한 시간**을 제공할 것
⑦ 평가와 관련된 **행정적인 절차** 및 관계된 사람들이 누구인 분명히 알려 줄 것
⑧ 수퍼바이지와 긴밀하게 연락하는 사람 또는 수퍼비전 받고 있는 사람을 평가에 참여시킬 것
⑨ 수퍼비전 평가회의에 참석할 수 없는 경우 **전화나 평가양식**을 수퍼바이지에게 보내줄 것
⑩ 수퍼바이지도 평가과정에 개입시킬 것
⑪ 수퍼바이지 자신의 평가와 평가자의 평가가 어떻게 다른지에 대해 논의할 것
⑫ 평가회의 전 시간과 장소뿐만 아니라 회의주제에 대해서도 알릴 것
⑬ 수퍼바이지의 수행수준에 대해 구체적인 예를 들어 의견을 진술 할 것
⑭ 기관에서 제공한 수퍼비전의 가치나 수퍼비전 관계에 대해 개선할 것들에 대해 평가할 수 있는 기회를 제공할 것
⑮ 수퍼바이지의 수행수준과 행동에 대한 **구체적인 기록**을 남길 것
⑯ 피드백에 대한 개방성을 보여주고 성격스타일보다는 **수행수준과 행동에 대해 평가**할 것
⑰ **다문화적 문제**에 대한 자각 정도와 그것을 다룰 수 있는 능력에 대해 언급할 것

🔷 수퍼바이지에 대한 평가 영역

① 상담개입에 대한 지식과 기술
② 상담평가에 대한 지식과 기술
③ 상담소 직원 및 내담자와의 관계
④ 수퍼비전에 대한 참여 정도
⑤ 자신의 한계에 대한 자각과 외부의 도움을 구해야 할 시점에 대한 판단력
⑥ 의사소통 기술 능력
⑦ 윤리적이고 법적인 조치를 취하는 정도
⑧ 다문화적 상황에 대한 이해와 상담 능력
⑨ 판단력과 성숙도
⑩ 개인의 발달에 대한 개방성
⑪ 기관의 규칙과 절차의 준수

🔷 수퍼비전 평가 내용

① 평가될 능력과 도달해야 할 목표를 설정함
② 수행측정을 위한 기준을 제시함
③ 목표도달 기간 및 분기별로 직접적인 피드백을 제공함
④ 형성(formative)평가는 수퍼비전 매 회기 내 피드백을 통해 지속적으로 이루어지는데 긍정적이고 교정적인 요소들의 균형을 맞추는 것이 중요함
⑤ 총괄(summative)평가는 종결 시점에 실시하는데 수퍼바이저가 수퍼바이지에 대한 문서화된 평가를 제공함

3. 수퍼비전을 위한 수퍼바이저 역량 및 기술

■ 효과적인 수퍼바이저

① 수퍼바이지의 불안을 이해하고 초기 오리엔테이션 및 관계형성을 위해 노력할 것
② 수퍼비전은 양방향으로 이루어지는 의사소통 과정임을 실천할 것
③ 자신이 성취한 것을 드러내기보다 수퍼바이지의 강점을 강조하고 드러낼 것
④ 수퍼바이지에게 지시내리는 일과 독립적으로 성장하도록 허용하는 것의 균형을 가질 것
⑤ 보호된 수퍼비전의 가치를 자각할 것(매주 정해진 시간, 수퍼비전 관계)
⑥ 자신의 스타일을 개발할 것(수퍼바이저는 치료자의 역할은 하지 않음)
⑦ 수퍼비전 시간에 모델링과 시범보이기
⑧ 수퍼바이저는 열정, 상담능력, 다양한 관점에 대한 개방성, 객관성, 책임감, 새로운 사고방식에 대해 열린 마음, 교수전략의 다양성, 수퍼바이지의 미래에 부정적인 영향을 줄 수 있는 중요한 문제에 대해 직면할 용기를 가져야 함

■ 효과적인 수퍼바이저 기술(Hawkins & Shohet)

① 명확한 의사전달력을 가짐
② 수퍼바이저 개인의 의견임을 명시함
③ 정기적으로 수퍼비전 실시함
④ 긍정적 피드백과 부정적 피드백의 균형성을 가짐
⑤ 구체적인 피드백을 함

기출 문제

18-06. 수퍼비전에서 사용하는 총괄(summative)평가와 형성(formative)평가에 관한 설명으로 옳지 않은 것은?

① 총괄평가는 수퍼바이지의 수행 정도에 구체적인 기준을 적용하여 최종평가를 하는 것이다.
② 총괄평가는 기말에 학점을 부여하는 방식 등으로 이루어진다.
③ 형성평가의 일차적 목적은 수퍼바이지의 적격여부를 판정하는 것이다.
④ 수퍼바이저의 피드백은 형성평가의 한 가지 형태이다.
⑤ 형성평가는 수퍼비전 진행 중에 지속적으로 제공된다.

정답 ③

해설 총괄평가의 일차적 목적은 수퍼바이지의 적격여부를 판정하는 것이다.

18-08. 수퍼바이저 수련생 평가에 관한 설명으로 옳지 않은 것은?

① 수퍼바이저 수련생을 평가할 때 수련생의 사례개념화 지도 기술을 평가할 수 있다.
② 수퍼바이저 수련생의 자기평가를 독려하는 것은 수퍼바이저 수련생의 발달을 위한 것이다.
③ 수퍼바이저 수련생을 평가과정에 참여시키는 것은 수퍼바이저의 부담을 줄이기 위한 것이다.
④ 평가 자료로 수퍼바이저 수련생의 수퍼비전 회기 녹화자료를 활용할 수 있다.
⑤ 수퍼바이저 수련생의 자기평가는 수퍼바이저 수련생의 자기효능감에 영향을 미친다.

정답 ③

해설 수퍼바이저 수련생을 평가과정에 참여시키는 것이 수퍼바이저의 부담을 줄이기 위한 것이 아니라 수퍼바이저 수련생의 셀프 수퍼비전 능력을 높이기 위해서이다.

17-24. 수련의 지속 여부를 검토해야 할 문제가 있는 수퍼바이지에 관한 설명으로 옳지 않은 것은?

① 수퍼바이지의 문제가 인지영역에 한정되어 있다.
② 수퍼바이저의 치료권고에도 불구하고 충동조절의 문제를 해결하려는 모습을 보이지 않는다.
③ 수퍼바이지의 상담이 내담자에게 부정적 영향을 미친다.
④ 강도 높은 교정 노력에도 불구하고 문제행동이 개선되지 않는다.
⑤ 상담자로서 해결해야 할 개인적 문제가 확인되었지만 문제를 인식하거나 다루지 못한다.

정답 ①

해설 수퍼바이지의 문제가 인지영역에 한정되어 있다면 정서적 영역이나 대인관계영역에까지 확장될 수 있도록 수퍼바이저가 도와야 한다.

16-11. 수퍼바이저에 관한 평가항목에 해당되는 것을 모두 고른 것은?

| ㄱ. 쉽게 접할 수 있었던 정도 | ㄴ. 유용한 피드백 |
| ㄷ. 시간엄수 정도 | ㄹ. 윤리적, 법적인 지식 |

① ㄱ, ㄴ
② ㄱ, ㄷ
③ ㄱ, ㄴ, ㄷ
④ ㄴ, ㄷ, ㄹ
⑤ ㄱ, ㄴ, ㄷ, ㄹ

정답 ⑤

해설 수퍼바이저의 근접성, 수퍼비전 시간엄수, 유용한 피드백, 의사소통능력, 윤리적 법적 지식은 수퍼바이저가 갖추어야 할 역량으로 모두 평가항목에 포함된다.

14-26. 수련생이 수퍼바이저를 평가하는 항목을 모두 고른 것은?

> ㄱ. 윤리적, 법적 지식　　ㄴ. 접근용이성
> ㄷ. 유용한 피드백과 평가　ㄹ. 의사소통 능력

① ㄱ, ㄴ
② ㄷ, ㄹ
③ ㄱ, ㄷ, ㄹ
④ ㄴ, ㄷ, ㄹ
⑤ ㄱ, ㄴ, ㄷ, ㄹ

정답 ⑤

해설 수퍼바이저를 평가하는 항목은 수퍼바이저의 상담이론에 대한 전문성, 윤리적 법적 지식, 수퍼비전 중 유용한 피드백과 평가, 상담기술, 의사소통 능력, 접근용이성, 시간엄수, 등이다.

12-12. 수퍼비전에서 수퍼바이지 평가에 관한 내용으로 옳지 않은 것은?

① 평가 과정을 미리 자세하게 설명한다.
② 수퍼바이지의 방어적 태도에 대해 함께 논의한다.
③ 형성평가보다 총괄평가를 우선한다.
④ 수퍼바이지 평가에 영향을 미칠 수 있는 모든 인간관계를 주의깊게 관찰한다.
⑤ 상담 수행에 영향을 미치는 수퍼바이지의 배경, 성별 등 개인적 특성을 고려한다.

정답 ③

해설 매 회 수퍼비전에서 실시하는 형성평가를 모두 종합하여 총괄평가를 한다.

13-05. 개인적 결함이 있는 수퍼바이지가 훈련을 잘 수행하지 못하는 경우에 수퍼바이저의 올바른 태도는?

① 수퍼바이지가 자신의 상황을 잘 인식하도록 직면한다.
② 개인적 문제를 해결할 수 없으므로 상담장면에 들어오지 않도록 조치한다.
③ 문제는 누구나 있는 것이므로 굳이 문제를 들추기보다 수용한다.
④ 수퍼바이지의 문제를 승화시키도록 격려한다.
⑤ 수퍼바이저와 수퍼바이지간의 평행과정의 관점에서 보려고 노력한다.

정답 ①

해설
② 수퍼바이지가 개인분석이나 상담을 받는 등 개인적 문제를 해결하고 난 후 상담을 진행하도록 한다.
③ 수퍼바이지의 문제는 상담에 영향을 미치기 때문에 개인적인 문제를 수용하기보다는 개선해 나가려고 노력해야 한다.
④ 개인적 결함이 있는 수퍼바이지가 훈련을 잘 수행하지 못하는 경우 수퍼바이지의 문제를 승화시키기 보다 결함을 고치도록 독려한다.
⑤ 개인적 결함이 있는 수퍼바이지의 경우 수퍼바이저와 수퍼바이지 간의 평행과정에서 갈등이 드러나므로 자신의 결함을 직면하고 고치려고 노력한다.

14-13. 수련생에게 제공하는 형성적 피드백에 관한 내용으로 옳지 않은 것은?

① 공식적이며 사전에 결정되어 있는 평가
② 긍정적인 면과 교정적인 면의 균형
③ 집중해야 될 주제의 선택과 구체화
④ 잠재적 변화가능성에 초점
⑤ 지속적인 평가체계의 형성

정답 ①

해설 형성평가는 사전에 하는 것이 아니라 매 회 수퍼비전 중간이나 끝난 후에 하는 것이다.

13-23. 수퍼비전에서 수퍼바이지를 평가하는 영역이 아닌 것은?

① 다문화집단에 대한 이해와 상담능력
② 의사소통 기술
③ 윤리적이고 법적인 조치
④ 특정 학회 활동
⑤ 한계의 자각

정답 ④

해설 수퍼바이지는 자신이 원하는 학회의 활동을 할 수 있고 이것은 평가영역이 아니다.

참고 내용

◉ 한국상담학회 전문상담사 1급, 청소년상담사 1급 필기시험 대비과목

◉ 청소년상담사 1급 상담사 교육 및 사례지도 기출문제 수록

  교재의 내용 중
  ➡ [기출문제 13-15]는 청소년상담사 1급 13회 기출문제 15번이라는 의미이다.
  ➡ [본문내용 16회 기출]는 청소년상담사 1급 16회 기출 문제라는 의미이다.

◉ 참고도서

  ➡ 상담 수퍼비전의 이론과 실제(한국상담학회 상담학 총서 13) [2판]
    유영권, 김계현, 김미경, 문영주, 손은정. 〈학지사〉

  ➡ 상담수퍼비전의 이론과 실제
    방기연. 〈양서원〉

  ➡ 상담 수퍼비전
    Nicholas Ladany, Loretta J. Bradley 지음
    유영권, 안유숙, 이정선, 은인애, 류경숙, 최주희 옮김. 〈학지사〉

  ➡ 상담 및 조력전문가를 위한 수퍼비전의 실제
    Robert Haynes, Gerald Corey, Patrice Moulton 지음
    김창대, 유성경, 김형수 옮김. 〈Cengage Learning〉

  ➡ 상담 수퍼비전의 기초(제3판)
    Janine M. Bernard, Rodney K. Goodyear 지음
    유영권, 방기연 옮김. 〈시그마프레스〉

저자 PROFILE

조은문

(전/현)
- 상담심리 박사
- 동덕여대, 숙명여대, 경희대 평생교육원
- 나눔복지교육원 교수
- 모은상담심리연구소 소장
- 해드림 상담센터 수퍼바이저
- 상담심리사 1급 1538호(한국상담심리학회)
- 전문상담사 1급 601호(한국상담학회)
- 학교상담전문가 1급(한국카운슬러협회)
- 청소년상담사 1급·임상심리사 1급(한국산업인력공단)
- 국제공인 소매틱 동작교육전문가(RSME: Registered Somatic Movement Educator)
- 국제공인 소매틱 동작치료사(RSMT: Registered Somatic Movement Therapist)
- 타말파 프렉티셔너(동작중심 표현예술치료사/교육전문가)
- 현실치료 전문가(Reality Therapy Certification)
- 저서 - 임상심리사 1급 필기·실기 기출문제집(나눔book)
  - 청소년상담사 1급 필기 기출문제집(나눔book)
  - 상담 수퍼비전(나눔book)
  - 이상심리 증상별 사례개념화(나눔book)
  - 심리검사를 활용한 사례개념화 : MMPI-2 임상척도를 중심으로(다사랑)
  - 상담사 필기 한끗 문제집·상담사 필기 올킬 문제집(작가와)

상담 수퍼비전 이론정리 및 문제풀이집

초판인쇄	2020년 8월 11일
초판발행	2021년 11월 22일
저 자	조은문 편저
발 행 처	나눔Book
주 소	서울특별시 강서구 공항대로 426 VIP빌딩 609호
전 화	(02) 6092-1200
팩 스	(02) 6092-1201
I S B N	979-11-91871-14-2

이 책에 실린 내용에 대한 저작권은 나눔 Book에 있으므로 함부로 복사·복제할 수 없습니다.

값 18,000원